Gasthausrezepte für HARRY POTTER FANS

Gasthausrezepte für HARRY POTTER FANS

VON TOM GRIMM

MIT FOTOS VON
TOM GRIMM & DIMITRIE HARDER

HEEL

Inhalt

Frühstück

Vorspeisen, Salate & Snacks

Suppen & Eintöpfe

Hauptgerichte

Inhalt

Süßes & Nachspeisen

Getränke

Vorwort

Am 31. Juli 1991, seinem 11. Geburtstag, eröffnet sich dem Waisenkind Harry Potter nicht bloß eine Welt der Wunder und Magie, sondern auch ein Universum kulinarischer Genüsse!

Nachdem die grässlichen Dursleys Harry jahrelang kaum einen Bissen von ihrem Tisch gegönnt haben, sieht sich »der Junge, der überlebt hat« mit einem Mal von einem wahren Schlaraffenland von Köstlichkeiten umgeben: in der Winkelgasse, im Hogwarts-Express, bei den Weasleys, in Hogwarts – und nicht zuletzt in Gasthäusern wie dem *Drei Besen*, dem *Tropfenden Kessel* und dem *Eberkopf*, wo neben einer Menge leckerer, rustikaler Speisen auch zahlreiche (teilweise ziemlich abenteuerliche) Getränke darauf warten, verköstigt zu werden.

Während es sich bei einigen dieser Gerichte wie etwa Bangers & Mash, Cranachan und Shepherd's Pie um Klassiker der englischen bzw. schottischen Küche handelt, entstammen viele andere geradewegs der Zauberwelt. Wie wär's beispielsweise mit einem Süppchen vom Frischwasser-Plimpy, Lenkpflaumen-Tatar, Flubberwurm-Fritten oder Black Cat-Chips, heruntergezischt mit Goldlackwasser oder einem zünftigen Schluck fischig-grünem Ale?

Als Inspiration für die Rezepte in diesem Buch dienten mir, neben den HP-Romanen und -Filmen, vor allem die Speisen und Getränke, die in der *Wizarding World of Harry Potter* im *Universal*-Freizeitpark in Orlando, angeboten werden, wo u. a. Hogwarts und Hogsmeade samt der dazugehörigen Gasthäuser originalgetreu nachgebaut wurden. Auch die *Warner Bros. Studio Tour* in London lieferte diesbezüglich einige großartige Ideen. Sollte es euch je nach Orlando oder London verschlagen, empfehle ich allen Potterheads, sich einen Besuch nicht entgehen zu lassen! Aber seid bitte nicht enttäuscht, wenn das Essen, das ihr dort bekommt, nicht ganz so toll mundet wie das, was ihr mithilfe der folgenden Rezepte selbst zubereiten könnt.

Vergesst nur nicht, dass es sich dabei letztlich bloß um Denkanstöße handelt, um eure *eigene* Kreativität anzuregen! Denn das Großartigste beim Kochen – genau wie beim Brauen von Tränken und beim Ausprobieren neuer Zaubersprüche – ist schließlich das *Experimentieren.* Wie in der Zauberwelt auch in der Muggel-Küche: Die einzigen Grenzen, die euch auferlegt sind, sind die eurer Phantasie. Und die größte Magie, derer wir fähig sind – ganz gleich, ob Muggel oder Zauberer – ist, andere glücklich zu machen. Und wie ginge das besser als mit legendär-leckerem Guinness Stew, Dracheneiern Benedict, einem Schwung Sherbet Lemon-Cupcakes oder ein unwiderstehliches Schokoladen-Trifle? Ihr werdet sehen, dass ihr euren Liebsten damit ein seliges Lächeln aufs Gesicht zaubert – und das, ganz ohne Hexerei!

In diesem Sinne: Ab an die Töpfe!

Tom Grimm

Frühstück

Kürbisbrötchen

ZUTATEN
FÜR 8 BRÖTCHEN

450 g Mehl sowie noch etwas mehr, für die Arbeitsfläche

1 Päckchen Trockenhefe

1 TL Salz

1 EL Zucker

300 g Kürbispüree

100 ml lauwarmes Wasser

1 Ei, zum Bestreichen

2 EL Wasser, zum Bestreichen

Außerdem erforderlich:

Küchengarn (ca. 4 m)

1. Ein Backblech mit Backpapier auslegen.

2. In einer mittelgroßen Schüssel das Mehl mit der Trockenhefe, dem Salz und dem Zucker vermischen. Das Kürbispüree und das lauwarme Wasser hinzufügen und alles sorgsam mit den Händen zu einem glatten Teig verkneten. Mit einem sauberen Geschirrtuch abdecken und an einem warmen Ort eine Stunde gehen lassen.

3. In der Zwischenzeit das Küchengarn in acht ca. 50 cm lange Schnüre schneiden.

4. Den aufgegangenen Teig auf eine leicht bemehlte Arbeitsfläche geben und in acht gleich große Stücke teilen. Die Stücke zu gleichmäßigen Kugeln formen. Sollte der Teig zu klebrig sein, mit zusätzlichem Mehl bestreuen.

5. Das Küchengarn in Mehl wälzen und jeweils mittig unter jede Teigkugel legen. Das Garn zur Oberseite des Brötchens ziehen und dort überkreuzen. Dann das Brötchen umdrehen und das Ganze auf der anderen Seite wiederholen, bis das Garn die Teigkugel in acht gleich große Flächen teilt. Das Küchengarn nur locker zubinden, da der Teig noch aufgeht.

6. Die Brötchen auf das vorbereitete Backblech legen und abgedeckt nochmals 15 Minuten gehen lassen.

7. Unterdessen den Backofen auf 180 °C Ober-/Unterhitze vorheizen.

8. In einer kleinen Schüssel das Ei mit dem Wasser verquirlen und die Oberseite der Brötchen damit bestreichen. 20 Minuten backen. Anschließend aus dem Ofen nehmen und 30 Minuten abkühlen lassen. Erst dann vorsichtig das Küchengarn entfernen.

Pancake-Frühstück

ZUTATEN

FÜR 4 PORTIONEN

Für die Pancakes:

400 ml Buttermilch, bei Zimmertemperatur

2 Eier, bei Zimmertemperatur

300 g Mehl

1 Prise Salz

3 TL Backpulver

50 g Zucker

1 Päckchen Vanillezucker

3 EL Butter sowie noch etwas mehr, zum Ausbacken der Pancakes

Ahornsirup, zum Beträufeln

Einige frische Beeren (z. B. Erdbeeren, Himbeeren, Blaubeeren), als Garnitur

Für den Frühstücksspeck:

1 EL Butter

200 g Frühstücksspeck, in schmale Scheiben geschnitten

1 Prise Pfeffer

1 Prise Paprikapulver edelsüß

Für die Berner Würstchen:

4 Frankfurter Würstchen

8 Scheiben Frühstücksspeck

ZUBEREITUNG PANCAKES:

1. In einer Schüssel die Buttermilch und die Eier verquirlen.

2. In einer separaten Schüssel das Mehl, das Salz, das Backpulver, den Zucker und den Vanillezucker vermischen.

3. Die Butter in einem kleinen Topf bei mittlerer Hitze schmelzen und zusammen mit dem Buttermilch-Ei-Gemisch zu den trockenen Zutaten geben. Alles sorgsam miteinander vermengen und 15 Minuten ruhen lassen.

4. Bei hoher Hitze in einer großen Pfanne etwas Butter schmelzen und mit etwas Abstand zueinander jeweils 3-4 EL Teig pro Pancake hineingeben. (Wer gesteigerten Wert auf besonders gleichmäßig geformte Pancakes legt, sollte eine spezielle Pancake-Pfanne oder eine Minipfanne verwenden, in der ihr die Pancakes einzeln zubereitet.) Die Pancakes erst 2–3 Minuten von der einen Seite goldbraun ausbacken, dann von der anderen. Zum Abtropfen auf einen mit Küchenpapier ausgelegten Teller geben und zum Warmhalten locker mit Alufolie abdecken, während ihr den übrigen Teig verarbeitet.

5. Zum Servieren großzügig mit Ahornsirup beträufeln und nach Belieben mit frischen Beeren garnieren.

6. Zusammen mit dem Frühstücksspeck und den Berner Würstchen am besten auf einem großen Servierteller auftischen.

ZUBEREITUNG FRÜHSTÜCKSSPECK:

7. In einer antihaftbeschichteten Pfanne bei mittlerer Hitze die Butter schmelzen. Den Speck hineingeben und von beiden Seiten unter gelegentlichem Wenden knusprig braten (ca. 2–3 Minuten). Mit Pfeffer und Paprikapulver würzen und zum Abtropfen auf einen mit Küchenpapier ausgelegten Teller geben. Möglichst bis zum Servieren warmhalten.

ZUBEREITUNG BERNER WÜRSTCHEN:

8. Jedes Würstchen fest mit zwei Scheiben Frühstücksspeck umwickeln. Dieselbe Pfanne verwenden, die ihr zuvor zum Anbraten des Specks verwendet habt. Sollte das Fett bereits fest geworden sein, auf mittlerer Hitze erwärmen, bis es sich wieder verflüssigt. Dann die Berner hineingeben und ringsum scharf anbraten; dabei mehrmals behutsam wenden, sodass sich der um die Würstchen gewickelte Frühstücksspeck nicht löst. Zum Abtropfen auf einen mit Küchenpapier ausgelegten Teller geben.

Frühstücksmuffins

ZUTATEN
FÜR 6 MUFFINS

Etwas Butter, für die Form

1 Rolle Pizzateig (ca. 400 g, fertig gekauft)

1 kleine Stange Lauch, in dünne Ringe geschnitten

4 frische Champignons, fein gewürfelt

100 g Lachs, fein gewürfelt

4 Eier

Salz

Pfeffer

¼ Bund Schnittlauch, fein gehackt

Außerdem erforderlich:

6er-Muffinform aus Metall

Kaffeebecher (ca. 10 cm Ø)

1. Die Mulden der Muffinform mit Butter einfetten.

2. Den Pizzateig mit einem Nudelholz auf der Arbeitsfläche ausrollen und mithilfe eines Kaffeebechers sechs gleich große Kreise ausstechen. Die Teiglinge in die eingefetteten Mulden der Muffinform legen und am Boden und an den Seiten andrücken.

3. Den Backofen auf 180 °C Ober-/Unterhitze vorheizen.

4. Den Lauch, die Champignons, den Lachs und die Eier in eine mittelgroße Schüssel geben. Nach Belieben mit Salz und Pfeffer würzen. Den Schnittlauch untermischen. Gleichmäßig in die Muffinform füllen, die Oberseiten glätten und ca. 18–20 Minuten auf mittlerer Schiene backen. Die Muffins aus dem Ofen nehmen und fünf Minuten abkühlen lassen; erst dann vorsichtig aus der Form lösen.

Falls eure Frühstücksmuffins einen »Deckel« haben (also verschlossen sein) sollen, die Teigabschnitte verkneten, neu ausrollen und weitere sechs Teiglinge ausstechen. In einem Becher ein Eiweiß mit 1 TL Wasser verquirlen. Die Teigdeckel auf die gefüllten Muffins legen und an den Rändern festdrücken. Jeweils mit etwas Eierlasur bepinseln und wie oben beschrieben backen.

Hogsmeade-Frühstück

ZUTATEN

FÜR 4 PORTIONEN

Für die Bohnen in Tomatensauce:

3 EL Olivenöl

1 Zwiebel, fein gehackt

1 Knoblauchzehe, fein gehackt

1 EL Tomatenmark

100 ml Gemüsefond

250 g weiße Bohnen (aus der Dose), abgetropft

100 g Pizzatomaten (aus der Dose)

1 Prise Rohrzucker

1 Spritzer Zitronensaft

1 TL Salz

½ TL Cayennepfeffer

1 kleine rote Chili, in dünne Ringe geschnitten, nach Belieben

Für das Rührei:

4 Eier

8 EL Sahne

Salz, Pfeffer

2 TL Butter

Etwas Schnittlauch, frisch gehackt

Für die übrigen Köstlichkeiten:

Pflanzenöl

4 Tomaten

250 g frische kleine Champignons, im Ganzen

Grobes Meersalz

Frisch gemahlener schwarzer Pfeffer

8 kleine Bratwürstchen

8 Scheiben Blutwurst (jeweils ca. 2 cm dick)

4 Portionen Kartoffelecken

(siehe S. 75)

ZUBEREITUNG BOHNEN IN TOMATENSAUCE:
1. Das Öl bei mittlerer Hitze in einer Pfanne erwärmen. Die Zwiebel und den Knoblauch hineingeben und glasig anschwitzen. Das Tomatenmark unterrühren, kurz anrösten und mit dem Gemüsefond ablöschen. 2–3 Minuten einreduzieren lassen, dann die Bohnen und die Pizzatomaten dazugeben und alles gut vermischen. Unter gelegentlichem Rühren 10 Minuten köcheln lassen.

2. Mit dem Rohrzucker, dem Zitronensaft, dem Salz und dem Cayennepfeffer abschmecken und nach Belieben mit der Chili bestreuen. Bis zum Servieren warmhalten.

ZUBEREITUNG RÜHREI:
3. Die Eier am Rand einer hohen Schüssel aufschlagen. Die Sahne dazugeben, kräftig mit Salz und Pfeffer würzen und mit dem Schneebesen so lange verquirlen, bis das Ganze zwar noch relativ dickflüssig, aber schön cremig und konsistent ist.

4. Die Butter in einer beschichteten Pfanne bei geringer Hitze schmelzen. Die verquirlten Eier dazugeben und langsam stocken lassen; dabei hin und wieder mit einem Pfannenwender vorsichtig am Pfannenboden rühren, damit das Ei nicht anbrennt und zugleich gleichmäßig fester wird. Hat das Rührei schließlich die gewünschte Festigkeit erreicht, vom Herd nehmen und mit etwas frisch gehacktem Schnittlauch bestreuen. Bis zum Servieren warmhalten.

ZUBEREITUNG DER ÜBRIGEN KÖSTLICHKEITEN:
5. In einer antihaftbeschichteten Pfanne bei mittlerer Hitze etwas Pflanzenöl erwärmen. Sobald das Öl brutzelt, mit etwas Abstand zueinander, die Tomaten und die Champignons hineingeben. Die Tomaten mit etwas Öl beträufeln und garen. Die Pilze unter gelegentlichem Wenden anbraten, bis sie deutlich kleiner geworden sind. Dann sowohl die Tomaten als auch die Champignons mit grobem Meersalz und etwas Pfeffer würzen. Zum Abtropfen auf einen mit Küchenpapier ausgelegten Teller geben. Bis zum Servieren warmhalten.

6. Möglichst gleichzeitig in einer separaten Pfanne bei mittlerer Hitze etwas Pflanzenöl erwärmen. Die Würstchen und die Blutwurstscheiben hineingeben und anbraten; die Würstchen dabei mehrfach wenden. Die Blutwurst hingegen möglichst selten, damit sie nicht auseinander fällt. Sobald der gewünschte Gargrad erreicht ist, zum Abtropfen auf einen mit Küchenpapier ausgelegten Teller geben. Bis zum Servieren warmhalten.

7. Sind alle Elemente für dieses üppige morgendliche Mahl fertig, die Bohnen, das Rührei, die Tomaten, die Pilze, die Bratwürstchen und die Blutwurst zusammen mit einer Portion Kartoffelecken (siehe S. 75) auf einem großen Servierteller anrichten und sofort genießen.

Frühstücksflan

ZUTATEN
FÜR 4 PORTIONEN

2 mittelgroße Äpfel, geschält, entkernt und grob gewürfelt

2 TL Zitronensaft

4 Eier

8 EL Zucker

250 ml Hafermilch

200 g frische Erdbeeren, fein gewürfelt

Ahornsirup, nach Belieben

Außerdem erforderlich:

4 backofenfeste Dessertförmchen (á ca. 150 ml Fassungsvermögen)

Auflaufform (ca. 28 x 22 cm)

1. Die Äpfel in einen kleinen Topf geben und mit 1 TL Zitronensaft beträufeln. Bei mittlerer Hitze unter gelegentlichem Rühren zum Kochen bringen. Den Deckel aufsetzen und ca. 10–15 Minuten weichkochen. Vom Herd nehmen und abkühlen lassen.

2. Die Eier und den Zucker in einer Schüssel mit einem elektrischen Handrührgerät ca. fünf Minuten schaumig rühren. Die Hafermilch und die abgekühlten Äpfel hinzufügen und eine Minute verrühren.

3. Den Backofen auf 180 °C Ober-/Unterhitze vorheizen. Die Förmchen in die Auflaufform stellen; diese zur Hälfte mit Wasser füllen.

4. Die Apfel-Eier-Masse gleichmäßig in die Förmchen füllen, mit Alufolie bedecken und eine Stunde im Wasserbad im vorgeheizten Ofen dämpfen bzw. so lange, bis der Flan fest ist. Dann vorsichtig aus dem Ofen nehmen, aus der Auflaufform heben und vollständig auskühlen lassen.

5. Unterdessen die Erdbeeren mit dem restlichen Zitronensaft in einer kleinen Schüssel vermischen.

6. Den abgekühlten Flan behutsam mit einem Messer vom Rand der Form lösen und jeweils auf einen kleinen Teller stürzen. Großzügig mit Erdbeeren garnieren und nach Belieben mit Ahornsirup beträufeln.

7. Sofort servieren.

Vorspeisen, Salate & Snacks

Dracheneier Benedict

ZUTATEN
FÜR 2 PORTIONEN

5 EL Essig

2 Eier, möglichst frisch

1 rundes, möglichst flaches Toastbrötchen

2 EL Sauce Hollandaise (fertig gekauft)

Einige Scheiben Kasseler-Aufschnitt, nach Belieben

Salz, nach Belieben

Chiliflocken, als Garnitur

1. In einem mittelgroßen Topf bei hoher Hitze 2 l Wasser erwärmen. Den Essig hineingeben. Sobald das Wasser kocht, die Hitze auf mittel reduzieren und ein wenig abkühlen lassen. Das Wasser soll zwar heiß sein, aber nicht mehr kochen.

2. Mit dem Schneebesen einen Strudel im Wasser erzeugen und die Eier nacheinander ganz behutsam so hineinschlagen, dass sie möglichst intakt bleiben. Dabei darauf achten, dass das Wasser zu diesem Zeitpunkt in sanfter Bewegung ist! Den Deckel aufsetzen und die Eier 3–5 Minuten garen – je nachdem, wie flüssig oder fest das Eigelb sein soll.

3. Die Eier mit einem Sieblöffel vorsichtig aus dem Topf nehmen und auf Küchenpapier abtropfen lassen.

4. Das Toastbrötchen halbieren und beide Hälften mit der Schnittfläche nach unten auf dem Toaster rösten.

5. Die Sauce Hollandaise in der Mikrowelle erwärmen.

6. Die Brötchenhälften jeweils mit der Schnittfläche nach oben auf einen Teller legen, nach Belieben mit Kasseler-Aufschnitt belegen und jeweils ein pochiertes Ei darauf positionieren. Mit Salz und Chiliflocken bestreuen und sofort servieren.

Solltet ihr Schwierigkeiten beim Pochieren der Eier haben, gebt die Eier nicht »nackt« in den Topf, sondern in einem »Beutelchen« aus Frischhaltefolie. Bindet das Beutelchen gut zu, sodass kein Wasser hineingelangen kann, und gart die Eier dann wie oben beschrieben, allerdings – je nach gewünschter Konsistenz – eine Minute länger als angegeben. In diesem Fall könnt ihr auch auf den Essig und den Wasserstrudel verzichten.

Geflügelsalat

ZUTATEN
FÜR 4 PORTIONEN

Für das Dressing:

150 g Joghurt

150 g Crème fraîche

2 EL Ketchup

1 EL Senf

2 EL Zitronensaft

Salz, Pfeffer

Für den Salat:

1 EL Olivenöl

400 g Hühnerbrustfilet, in mundgerechte Stücke geschnitten

1 Prise Salz

1 Prise Pfeffer

1 Prise geräuchertes Paprikapulver

250 g gemischter Salat, küchenfertig

1 kleine Dose Mais (ca. 150 g), abgetropft

3 Tomaten, in dünne Winkel geschnitten

1 Salatgurke, in dünne Scheiben geschnitten

1 rote Paprika, entsamt und fein gewürfelt

ZUBEREITUNG DRESSING:

1. In einer kleinen Schüssel den Joghurt, die Crème fraîche, den Ketchup, den Senf und den Zitronensaft vermischen. Nach Belieben mit Salz und Pfeffer abschmecken.

2. In einer Pfanne bei mittlerer Hitze das Öl erwärmen. Das Fleisch hineingeben und scharf anbraten. Mit Salz, Pfeffer und Paprikapulver würzen und zum Abtropfen auf einen mit Küchenpapier ausgelegten Teller geben.

3. Den Salat in eine große Schüssel geben. Den Mais, die Tomaten, die Gurke und die Paprika hinzufügen. Mit dem Dressing übergießen und alles behutsam so durcheinanderwerfen, dass das Gemüse mit Dressing überzogen ist.

4. Den Salat gleichmäßig auf Teller oder Schüsseln verteilen und jeweils mit gebratenem Hühnchen garnieren.

5. Sofort servieren.

QUIDDITCH LATEST

Babydrachenkeulen

ZUTATEN
FÜR 4 PORTIONEN

1 kg Hähnchenkeulen
100 ml Sojasoße
1 EL getrockneter Salbei
1 EL getrockneter Rosmarin
2 EL getrockneter Thymian
2 EL Paprikapulver edelsüß
Salz
2 EL Chiliflocken sowie etwas mehr, zum Bestreuen
50 g Butter, gewürfelt

Außerdem erforderlich:
Gefrierbeutel

1. Die Hähnchenkeulen mit kaltem Wasser abspülen und mit Küchenpapier trocken tupfen.

2. Die Sojasoße, den Salbei, den Rosmarin, den Thymian, das Paprikapulver, das Salz und die Chiliflocken in einer kleinen Schüssel vermengen. Zusammen mit den Hähnchenkeulen in einen großen Gefrierbeutel geben, gut verschließen und die Marinade in das Fleisch einmassieren. Mindestens sechs Stunden im Kühlschrank marinieren lassen, am besten über Nacht.

3. Den Backofen auf 160 °C Umluft vorheizen. Ein Ofengitter in die mittlere Schiene schieben; darunter eine große Schale mit einem Fingerbreit Wasser stellen, um herabtropfendes Fett aufzufangen.

4. Die Hähnchenkeulen aus der Marinade nehmen. Die Marinade in eine kleine Schüssel füllen.

5. Die Butter in der Mikrowelle schmelzen und mit der Marinade vermischen. Die Hühnerkeulen damit einpinseln und auf das Ofengitter legen. 20–25 Minuten locker mit Alufolie abgedeckt im vorgeheizten Ofen garen; dabei regelmäßig wenden und mit der Würzmischung bepinseln. Anschließend die Alufolie entfernen, die Keulen mit der übrigen Würzmischung einpinseln und die Ofentemperatur auf 220 °C Oberhitze erhöhen. 3–4 Minuten grillen, damit die Haut schön knusprig wird.

6. Die Keulen aus dem Ofen nehmen, nach Belieben (und gewünschtem Schärfegrad) mit zusätzlichen Chiliflocken bestreuen und sofort servieren.

Flubberwurm-Fritten

ZUTATEN
FÜR 4 PORTIONEN

4 große Kartoffeln oder Süßkartoffeln

4 Scheiben Gouda

4–6 Scheiben Bacon

1 EL Pflanzenöl

Salz

Pfeffer

Muskatnuss, gerieben

Etwas frisch gehackter Schnittlauch, als Garnitur

1. Den Backofen auf 180 °C Ober-/Unterhitze vorheizen. Ein Backblech mit Backpapier auslegen.

2. Die Kartoffeln senkrecht, von einem Ende zum anderen, mit einem Messer in ca. 3 cm dicke Scheiben schneiden. Dabei nur zu ¾ durchschneiden, damit die Kartoffeln unten noch zusammenhalten.

3. Den Käse in kleine Scheiben schneiden, die nahtlos in die »Fächer« der Kartoffeln passen. Den Bacon in ca. 2 cm breite Stücke schneiden. Jeweils eine Scheibe Käse und ein Stück Bacon in jedes »Fach« stecken.

4. Die Kartoffeln mit Öl bestreichen und kräftig mit Salz, Pfeffer und Muskatnuss würzen. Mit etwas Abstand zueinander auf das Backblech geben und 45 Minuten goldbraun backen bzw. so lange, bis die Kartoffeln gar sind und sich mit einem Messer mühelos einstechen lassen.

5. Zum Servieren mit etwas frisch gehacktem Schnittlauch bestreuen.

Lenkpflaumen-Tatar

**ZUTATEN
FÜR 6 PORTIONEN**

1 rote Zwiebel, fein gehackt

2 EL Meerrettich, frisch gerieben

2 EL Apfelessig

2 EL Olivenöl

50 ml Gewürzgurkensud

500 g Rote Bete (vorgegart), fein gewürfelt

200 g Weißkohl, in dünne Streifen geschnitten

200 g Rotkohl, in dünne Streifen geschnitten

100 g Gewürzgurken, fein gewürfelt

150 g Erbsen (aus der Dose), abgetropft

Salz

Frisch gemahlener schwarzer Pfeffer

2 TL Kümmel

1 Bund frischer Dill, fein gehackt, sowie etwas mehr, als Garnitur

50 g Créme fraîche

1 EL Limettensaft

Außerdem erforderlich:

Anrichtering (ca. 8 cm Ø)

1. In einer ausreichend großen Schüssel die Zwiebel, den Meerrettich, den Apfelessig, das Olivenöl und den Gewürzgurkensud vermischen. Die Rote Bete, den Weißkohl, den Rotkohl, die Gewürzgurken und die Erbsen hineingeben. Mit Salz und Pfeffer würzen. Den Kümmel und die Hälfte des fein gehackten Dills dazugeben und alles sorgsam vermischen. Mit Frischhaltefolie abdecken und mindestens drei Stunden durchziehen lassen, am besten über Nacht.

2. In der Zwischenzeit in einer kleinen Schüssel die Créme fraîche mit dem übrigen Dill und dem Limettensaft vermischen. Nach Belieben mit Salz und Pfeffer würzen. Bis zur Verwendung, locker mit Frischhaltefolie abgedeckt, im Kühlschrank kaltstellen.

3. Zum Servieren das Tatar nochmals durchrühren. Überschüssige Flüssigkeit abgießen. Den Anrichtering auf einen flachen Teller stellen und bis zum Rand mit dem Tatar füllen. Behutsam etwas festdrücken. Den Ring vorsichtig entfernen. Mit einem Klecks Limettendip und ggf. etwas frischem Dill garnieren.

4. Sofort servieren.

Backkartoffeln

ZUTATEN
FÜR 4 PORTIONEN

4 große Süßkartoffeln
Pflanzenöl
Salz
200 g Crème fraîche
1 EL Zitronensaft
Pfeffer
Etwas Schnittlauch, fein gehackt

1. Den Backofen auf 200 °C vorheizen. Ein Backblech mit Backpapier auslegen.

2. Die Süßkartoffeln waschen und gründlich abtrocknen, dann mehrfach mit einem Messer einstechen. Mit Pflanzenöl einreiben und salzen. Einzeln in Alufolie wickeln und auf das Backblech legen. Auf mittlerer Schiene ca. 45–60 Minuten backen bzw. so lange, bis sich die Kartoffeln mit einem Messer mühelos einschneiden lassen. Dann aus dem Ofen nehmen und einige Minuten abkühlen lassen.

3. Unterdessen in einer kleinen Schüssel die Crème fraîche mit dem Zitronensaft verrühren und nach Belieben mit Pfeffer und Salz würzen.

4. Die abgekühlten Kartoffeln von der Alufolie befreien. Auf der Oberseite mit einem scharfen Messer ein großes X einritzen und beide Seiten der Knolle von der Mitte wegdrücken, damit sich der Schnitt gleichmäßig öffnet. Großzügig die Crème fraîche hineingeben und mit frisch gehacktem Schnittlauch bestreuen.

5. Sofort servieren.

Drachenfleischbällchen

ZUTATEN
FÜR CA. 40 HACKBÄLLCHEN

1 kg Schweinehack
20 g Semmelbrösel
1 Ei
2 Schalotten, fein gewürfelt
3 EL Senf (mittelscharf)
Salz
Pfeffer
1 Prise Muskatnuss, gerieben
1 EL geräuchertes Paprikapulver
1 TL Chiliflocken
2 EL Butter

1. Das Hackfleisch, die Semmelbrösel, das Ei, die Schalotten und den Senf in eine große Schüssel geben. Nach Belieben mit Salz, Pfeffer, Muskatnuss, Paprikapulver und Chiliflocken würzen und gründlich verkneten.

2. Aus dem Fleischteig mit leicht angefeuchteten Händen golfballgroße Kugeln formen.

3. In einer großen Pfanne bei mittlerer Hitze die Butter schmelzen und die Hackbällchen darin in mehreren Schüben unter regelmäßigem Wenden goldbraun anbraten (ca. 4–5 Minuten). Zum Abtropfen auf einen mit Küchenpapier ausgelegten Teller geben. Zum Warmhalten locker mit Alufolie abdecken. Dies wiederholen, bis alle Fleischbällchen gebraten sind. Warm oder kalt servieren.

Panini piccante

ZUTATEN
FÜR 4 PANINI

4 Sandwich-Toasttaschen (alternativ Ciabatta oder Baguette)

2 TL Mayonnaise

1 rote Zwiebel, fein gehackt

100 g Rucola

16 Scheiben Sandwichkäse

150 g italienische Mortadella

¼ Salatgurke, in dünne Scheiben geschnitten

150 g Peperoncino-Salami, in Scheiben

Etwas Butter, für den Kontaktgrill

Außerdem erforderlich:

Kontaktgrill

1. Den Kontaktgrill nach Geräteanleitung vorheizen.

2. Die Toasttaschen der Länge nach halbieren. Die untere Hälfte jeweils mit Mayonnaise bestreichen. Darauf eine dünne Schicht rote Zwiebeln verteilen, gefolgt von etwas Rucola. Darauf jeweils vier Scheiben Käse geben. Dann nach Belieben die Mortadella darauf verteilen. Mit Gurkenscheiben belegen und mit einer Schicht Salami abschließen. Die obere Hälfte der Toasttasche darauf legen und leicht andrücken.

3. Den vorgeheizten Grill mit etwas Butter einfetten. Die Panini hineingeben (je nach Größe eures Kontaktgrills ggf. nacheinander), den Deckel schließen und nach Geräteanleitung grillen (ca. 4–7 Minuten).

4. Sofort genießen.

Wurstsalat

ZUTATEN
FÜR 4 PORTIONEN

5 EL Gewürzgurkensud
3 EL Weißweinessig
Salz
1 TL Pfeffer
1 TL Zucker
4 EL Olivenöl
1 rote Zwiebel, fein gehackt
2–3 Gewürzgurken, fein gewürfelt
1 Bund Radieschen, in dünne Scheiben geschnitten
250 g italienische Salami, grob gewürfelt
250 g italienische Mortadella, grob gewürfelt
Etwas frische Petersilie, fein gehackt
4 EL Butter
2 Laugenstangen, in fingerdicke Scheiben geschnitten
Geräuchertes Paprikapulver

1. Für das Dressing in einer kleinen Schüssel den Gewürzgurkensud, den Essig, 1 TL Salz, den Pfeffer, den Zucker und das Olivenöl vermischen.

2. Die Zwiebel, die Gewürzgurken, die Radieschen, die Salami und die Mortadella in eine große Schüssel geben. Mit dem Dressing übergießen, die Petersilie unterheben und alles sorgsam vermischen. Mindestens 30 Minuten durchziehen lassen.

3. In der Zwischenzeit in einer Pfanne bei mittlerer Hitze die Butter zerlassen. Die Laugenstangenscheiben hineingeben und unter mehrmaligem Wenden in der heißen Butter ringsum knusprig anbraten. Nach Belieben mit Salz und etwas geräuchertem Paprikapulver würzen. Aus der Pfanne nehmen und zum Abtropfen auf einen mit Küchenpapier ausgelegten Teller geben.

4. Den Wurstsalat nochmals gründlich durchmischen. Etwaige überschüssige Flüssigkeit abgießen. Auf vier tiefe Teller oder Schüsseln verteilen und jeweils mit einigen angebratenen Laugenstangenscheiben servieren.

Black Cat-Chips

ZUTATEN
FÜR CA. 800 G CHIPS

200 g Rote Bete
200 g Pastinaken
200 g Karotten
200 g Kartoffeln (festkochend)
4 EL grobes Meersalz
1 EL Pfeffer
3 EL geräuchertes Paprikapulver
4 EL Pflanzenöl

Außerdem erforderlich:
Gemüsehobel
Gefrierbeutel

1. Den Backofen auf 100 °C Umluft vorheizen. Zwei Backbleche mit Backpapier auslegen.

2. Das Gemüse waschen, mit Küchenpapier trocken tupfen und mit dem Gemüsehobel in ca. 3 mm dicke Scheiben schneiden.

3. In einer kleinen Schüssel das Salz, den Pfeffer und das Paprikapulver mit dem Öl vermengen und zusammen mit den Gemüsescheiben in einen Gefrierbeutel geben. Alles behutsam so vermengen, dass die Gemüsescheiben ringsum mit der Würze überzogen sind.

4. Auf den Backblechen verteilen; dabei darauf achten, dass sich die Scheiben nicht überlagern. Einen Kochlöffel in die Ofenklappe klemmen, damit sie die ganze Zeit einen spaltbreit offen steht, sodass die entstehende Feuchtigkeit entweichen kann. Die Chips dann ca. 90 Minuten im Ofen trocknen; dabei regelmäßig wenden.

5. Sollten die Chips nach Ablauf der Zeit noch nicht knusprig genug sein, entsprechend länger dörren. Sobald die gewünschte Knusprigkeit erreicht ist, aus dem Ofen nehmen und entweder zeitnah servieren oder auf den Blechen vollständig auskühlen lassen und bis zum Verzehr in einem luftdicht verschließbaren Behältnis lagern.

Suppen & Eintöpfe

Guinness Stew

ZUTATEN
FÜR 4 PORTIONEN

2 EL Butterschmalz

500 g Zwiebeln, fein gewürfelt

1 Knoblauchzehe, fein gehackt

500 g Rindfleisch (aus Wade oder Schulter), in mundgerechte Stücke geschnitten

500 g Lammfleisch, in mundgerechte Stücke geschnitten

1 EL Tomatenmark

250 g Champignons, in dünne Scheiben geschnitten

250 g Kartoffeln (mehligkochend), geschält und grob gewürfelt

750 ml Rinderfond

750 ml Guinness-Bier

3 EL Kümmel

1 EL getrockneter Majoran

½ TL Zucker

3 EL Paprikapulver edelsüß

Salz

Frisch gemahlener schwarzer Pfeffer

1 kleine rote Chili, in dünne Ringe geschnitten

Etwas frische Petersilie, fein gehackt

Großer runder Brotlaib, ausgehöhlt, nach Belieben

1. Bei mittlerer Hitze das Butterschmalz in einem großen Schmortopf erwärmen. Die Zwiebeln und den Knoblauch hineingeben und glasig dünsten bzw. so lange, bis der Knoblauch angenehm duftet (ca. 4–5 Minuten).

2. Das Rind- und das Lammfleisch hinzufügen und scharf anbraten. Das Tomatenmark unterrühren und zwei Minuten mitrösten. Die Pilze und die Kartoffeln hinzufügen, alles sorgsam vermischen, mit dem Rinderfond ablöschen und mit dem Bier aufgießen. Fleisch und Gemüse müssen vollständig mit Flüssigkeit bedeckt sein. Falls nicht, noch Wasser dazugeben. Den Deckel aufsetzen und unter gelegentlichem Rühren drei Stunden sanft köcheln lassen bzw. so lange, bis das Fleisch ganz zart ist und fast schon auseinander fällt.

3. Gegen Ende der Garzeit den Kümmel, den Majoran, den Zucker und das Paprikapulver einrühren. Nach Belieben mit Salz und Pfeffer würzen. Die Chili-Ringe und die fein gehackte Petersilie unterheben.

4. Nach Belieben in einem ausgehöhlten Brotlaib servieren.

Suppe und Salat

ZUTATEN
FÜR 6-8 PORTIONEN

Für die Erbsensuppe:

2 EL Schweineschmalz

2 Zwiebeln, fein gehackt

1 Bund Suppengemüse (z. B. Sellerie, Möhre, Porree), fein gehackt

500 g Kochschinken, in mundgerechte Stücke geschnitten

8 mittelgroße Kartoffeln (mehligkochend), geschält und fein gewürfelt

1 kg TK-Erbsen

1 l Gemüsefond

500 ml Wasser

2 EL gekörnte Brühe

Salz, Pfeffer, Selleriesalz, Liebstöckel, Majoran, nach Belieben

2 EL Apfelessig

Etwas Crème fraîche, als Garnitur

Für den Salat:

2 EL Olivenöl

2 EL Apfelessig

1 TL Salz

1 TL Pfeffer

250 g gemischter Salat, küchenfertig

1 kleine Dose Mais (ca. 150 g), abgetropft

3 Tomaten, in dünne Winkel geschnitten

1 Salatgurke, in dünne Scheiben geschnitten

1 rote Paprika, entsamt und fein gewürfelt

ZUBEREITUNG ERBSENSUPPE:

1. In einem großen Topf bei mittlerer Hitze das Schweineschmalz schmelzen. Die Zwiebeln hineingeben und glasig dünsten. Das Suppengemüse hinzufügen und ringsum kräftig anrösten. Den Kochschinken dazugeben und kurz mit anbraten. Die Kartoffelwürfel und die Erbsen hinzufügen, mit dem Gemüsefond und dem Wasser aufgießen und unter gelegentlichem Rühren 30 Minuten köcheln lassen bzw. so lange, bis das Gemüse gar ist.

2. Die gekörnte Brühe unterrühren. Nach Belieben mit Salz, Pfeffer, Selleriesalz, Liebstöckel und etwas Majoran abschmecken. Den Apfelessig einrühren.

3. Auf tiefe Teller oder Schüsseln verteilen und jeweils mit einem Klecks Crème fraîche garnieren. Mit etwas Salat als Beilage servieren.

ZUBEREITUNG SALAT:

4. In einer kleinen Schale das Olivenöl mit dem Apfelessig, dem Salz und dem Pfeffer vermischen.

5. Den Salat in eine mittelgroße Schüssel geben. Den Mais, die Tomaten, die Gurke und die Paprika hinzufügen. Mit dem Dressing übergießen und alles sorgsam so durcheinanderwerfen, dass der Salat und das Gemüse mit Dressing überzogen sind.

6. Vor dem Servieren zehn Minuten durchziehen lassen.

Wie die meisten Suppen schmeckt auch diese am besten, wenn sie Zeit hatte, durchzuziehen. Also im Idealfall bereits am Vorabend zubereiten und zum Servieren nur noch mal kurz aufwärmen!

Messrs.
MOONY
WORMTAIL
PADFOOT
& PRONGS
are proud
to present
The
MARAUDER'S
MAP

Hühnersuppe

ZUTATEN
FÜR 6 PORTIONEN

1 EL Pflanzenöl

1 Zwiebel, fein gehackt

1 Bund Suppengemüse (z. B. Möhre, Sellerie, Porree), fein gehackt

1 Hähnchen (ca. 1 kg)

2 Lorbeerblätter

5 Wacholderbeeren

5 schwarze Pfefferkörner

Salz

1 l Geflügelfond

2 EL gekörnte Brühe

6 Hühnerkeulen

200 g Suppennudeln, nach Belieben

150 g TK-Erbsen

Pfeffer

½ Bund Petersilie, fein gehackt, sowie etwas mehr, als Garnitur

1. In einem großen Topf bei mittlerer Hitze das Öl erwärmen. Die Zwiebel hineingeben und glasig anschwitzen. Das gehackte Suppengemüse hinzufügen und sehr dunkel anbraten (5–6 Minuten).

2. Das Hähnchen, die Lorbeerblätter, die Wacholderbeeren, die Pfefferkörner und 1 EL Salz mit in den Topf geben. Alles grob vermischen und mit dem Geflügelfond ablöschen. Mit Wasser auffüllen, bis das Huhn vollständig damit bedeckt ist. Die gekörnte Brühe einrühren und unter gelegentlichem Rühren 30 Minuten köcheln lassen. Die Hühnerkeulen hineingeben und weitere 30 Minuten köcheln lassen.

3. Das fertig gegarte Huhn (nicht die Keulen) mit einem Schaumlöffel vorsichtig aus dem Topf heben und auf einen tiefen Teller geben. Soweit abkühlen lassen, dass ihr das Fleisch abzupfen könnt, ohne euch die Finger zu verbrennen.

4. Unterdessen in einem separaten Topf die Suppennudeln nach Packungsanleitung zubereiten und al dente (also bissfest) kochen, da die Nudeln in der heißen Suppe noch nachgaren und sonst pampig werden. Die Nudeln dann abgießen und beiseitestellen.

5. Das Fleisch vom abgekühlten Hähnchen zupfen und in mundgerechte Stücke schneiden. Die Keulen aus der Suppe nehmen und beiseitelegen. Die Hühnerbrühe durch ein Sieb in einen sauberen, großen Topf gießen und die gewünschte Gemüseeinlage aus dem Sieb wieder hineingeben. Die Erbsen und das abgezupfte Fleisch hinzufügen und bei niedriger Hitze einige Minuten erwärmen. Unmittelbar vor dem Servieren nach Belieben mit Salz und Pfeffer abschmecken und die Petersilie unterrühren.

6. Zum Servieren jeweils etwas von den Nudeln auf einen tiefen Teller oder in eine Schüssel geben und mit Suppe und Einlage auffüllen. Mit einer Hühnerkeule und etwas frisch gehackter Petersilie garniert servieren.

Tomatensuppe

ZUTATEN
FÜR 4 PORTIONEN

4 EL Olivenöl
1 Schalotte, fein gehackt
2 Knoblauchzehen, fein gehackt
650 g reife Tomaten, grob zerteilt
2 EL Tomatenmark
600 ml Gemüsefond
Salz
Frisch gemahlener schwarzer Pfeffer
1 TL Honig
1 TL getrockneter Oregano
60 g Sahne
2 EL Kokosmilch

Außerdem erforderlich:
Pürierstab

1. In einem großen Topf bei mittlerer Hitze das Olivenöl erwärmen. Die Schalotte und den Knoblauch hineingeben und 2–3 Minuten anschwitzen. Die Tomaten hinzufügen und zehn Minuten unter regelmäßigem Rühren andünsten. Das Tomatenmark einrühren und kurz anrösten. Mit dem Gemüsefond aufgießen und nach Belieben mit Salz und Pfeffer würzen. Den Honig und den Oregano unterrühren. 20 Minuten mit offenem Deckel köcheln lassen; dabei hin und wieder umrühren.

2. Den Topf vom Herd nehmen und die Suppe mit dem Pürierstab sehr fein zerkleinern. Durch ein Sieb in einen sauberen Topf passieren. Zurück auf den Herd stellen, die Sahne dazugießen und noch einmal kurz aufkochen. Mit Salz und Pfeffer abschmecken.

3. Auf tiefen Tellern oder in einer Suppenschüssel anrichten und mit etwas Kokosmilch garnieren.

4. Sofort servieren.

Minerva McGonagall
OWL MAIL POST

Kartoffel-Lauch-Suppe

ZUTATEN
FÜR 4 PORTIONEN

3 EL Pflanzenöl
1 Zwiebel, fein gehackt
1 Stange Lauch, in dünne Ringe geschnitten
500 g Kartoffeln (mehligkochend), geschält und grob gewürfelt
½ Bund Suppengemüse (z. B. Möhren, Sellerie, Porree), fein gewürfelt
150 ml Weißwein (trocken)
750 ml Gemüsefond
1 TL Salz
1 TL Pfeffer
1 TL Oregano
1 TL Muskatnuss, gerieben
Croûtons, als Garnitur
Etwas frische Petersilie, grob gehackt, als Garnitur

1. Das Öl bei mittlerer Hitze in einem großen Topf erwärmen. Die Zwiebel hineingeben und glasig anschwitzen (ca. 2 Minuten). Den Lauch, die Kartoffeln und das Suppengemüse hinzufügen und scharf anbraten (ca. 2–3 Minuten). Mit dem Weißwein ablöschen und mit dem Gemüsefond aufgießen. Unter gelegentlichem Rühren ca. 20–25 Minuten köcheln lassen bzw. so lange, bis die Kartoffeln gar sind.

2. Mit Salz, Pfeffer, Oregano und Muskatnuss abschmecken.

3. Auf vier Schüsseln verteilen, nach Belieben mit Croûtons garnieren und mit etwas frisch gehackter Petersilie bestreut servieren.

Zwiebelsuppe

ZUTATEN
FÜR 4 PORTIONEN

3 EL Butterschmalz

500 g rote Zwiebeln, in dünne Ringe geschnitten

1 EL Rohrzucker

2 Knoblauchzehen, fein gehackt

5 Zweige Thymian

1 Lorbeerblatt

1 l Gemüsefond

200 ml Weißwein (trocken)

Salz

Frisch gemahlener schwarzer Pfeffer

1 Spritzer Zitronensaft

Etwas frische Petersilie, grob gehackt, als Garnitur

1. In einem großen Topf bei starker Hitze das Butterschmalz schmelzen. Die Zwiebeln hineingeben und unter stetem Rühren ca. 5 Minuten dünsten, bis die Zwiebeln glasig sind. Mit dem Rohrzucker bestreuen und 2–3 Minuten karamellisieren.

2. Die Hitze auf mittel reduzieren und den Knoblauch hinzufügen; kurz anschwitzen. Nun den Thymian und das Lorbeerblatt dazugeben, mit dem Gemüsefond und dem Weißwein aufgießen und sanft ca. 30 Minuten köcheln lassen.

3. Nach der Garzeit das Lorbeerblatt und die Thymianzweige entfernen. Mit Salz und Pfeffer würzen. Einen Spritzer Zitronensaft unterrühren. Mit etwas frisch gehackter Petersilie bestreut servieren.

LONDON TO HOGWARTS
for ONE WAY travel
Platform 9¾
Issued subject to the Rules & Regulations of the Hogwarts Express Railway Authorities

Nesselsuppe

ZUTATEN
FÜR 4 PORTIONEN

2 EL Pflanzenöl
1 Schalotte, fein gehackt
1 Knoblauchzehe, fein gehackt
400 g Brennnesseln, nur die Blattspitzen, fein geschnitten
1 Stange Porree, in dünne Ringe geschnitten
1 große Kartoffel, fein gewürfelt
650 ml Gemüsefond
100 ml Weißwein (trocken)
1 Prise Salz
1 Prise Muskatnuss, gerieben
Etwas Kokosmilch, als Garnitur
1 TL bunter Pfeffer, grob zerstoßen

Außerdem erforderlich:
Pürierstab

1. Das Pflanzenöl in einem mittelgroßen Topf bei mittlerer Hitze erwärmen. Die Schalotte und den Knoblauch hineingeben und glasig anschwitzen (ca. 2-3 Minuten). Die Brennnesseln und den Porree hinzufügen und mitdünsten, bis die Brennnesseln in sich zusammengefallen sind (ca. 5-6 Minuten). Die Kartoffelwürfel dazugeben, mit dem Gemüsefond und dem Weißwein aufgießen und unter gelegentlichem Rühren 30 Minuten köcheln lassen.

2. Vom Herd nehmen und kurz abkühlen lassen. Dann mit einem Pürierstab sehr fein pürieren und mit Salz und Muskatnuss abschmecken.

3. Die Suppe auf vier tiefe Teller oder Schüsseln verteilen, jeweils mit einem Klecks Kokosmilch garnieren und mit etwas zerstoßenem buntem Pfeffer bestreut servieren.

Suppe vom Frischwasser-Plimpy

ZUTATEN
FÜR 6 PORTIONEN

2 EL Olivenöl
2 Zwiebeln, fein gehackt
4 Knoblauchzehen, fein gehackt
½ kleine Zucchini, gestiftelt
1 Bund Suppengemüse (z. B. Möhren, Sellerie, Lauch), fein geschnitten
¼ Knolle Fenchel, fein gehackt
1 EL Tomatenmark
250 ml Weißwein
200 g Pizzatomaten (aus der Dose)
1 l Fischfond
100 ml Apfelsaft
2 Lorbeerblätter
4 Wacholderbeeren
500 g gemischte Fischfilets (z. B. Seeteufel, Dorade, Rotbarbe), in mundgerechte Stücke geschnitten
500 g Riesengarnelen (z. B. King Prawns)
½ kleine rote Chili, in dünne Ringe geschnitten
Salz
Pfeffer
Etwas frischer Dill, grob gehackt, als Garnitur

1. In einem großen Topf bei mittlerer Hitze das Olivenöl erwärmen. Die Zwiebeln und den Knoblauch hineingeben und glasig anschwitzen. Die Zucchini, das Suppengemüse und den Fenchel dazugeben und 2–3 Minuten scharf anbraten. Das Tomatenmark hinzufügen und kurz mitrösten. Mit dem Weißwein ablöschen und einkochen lassen. Dann den restlichen Wein zugeben. Die Pizzatomaten, den Fischfond, den Apfelsaft, die Lorbeerblätter und die Wacholderbeeren hinzufügen und alles gut vermischen. Unter gelegentlichem Rühren 20 Minuten ohne Deckel köcheln lassen.

2. Die Fischfilets, die Garnelen und die Chili dazugeben und mit gerade so viel Wasser aufgießen, dass alles mit Flüssigkeit bedeckt ist. Bei mittlerer Hitze ca. 15 Minuten sanft köcheln lassen. Wichtig: Die Suppe darf jetzt nicht mehr kochen!

3. Die Suppe kosten und nach Belieben mit Salz und Pfeffer abschmecken. Die Lorbeerblätter und die Wacholderbeeren entfernen. Auf tiefe Teller oder Schüsseln verteilen und mit etwas frisch gehacktem Dill garniert servieren.

Kürbissuppe

ZUTATEN
FÜR 4–6 PORTIONEN

1 mittelgroßer Hokkaido-Kürbis (ca. 1 ½ kg)
2 EL Butter
2 Schalotten, fein gehackt
1 Knoblauchzehe, fein gehackt
200 g Kartoffeln, grob gewürfelt
1 Karotte, fein geraspelt
1 TL Paprikapulver edelsüß
2 EL Mehl
800 ml Gemüsefond
200 ml Weißwein (trocken)
100 ml Kokosmilch sowie noch etwas mehr, als Garnitur
2 cm frischer Ingwer, fein gerieben
3 EL Currypulver
50 g Schlagsahne
Salz
Pfeffer
Etwas zerstoßener bunter Pfeffer, als Garnitur
Geröstete Kürbiskerne, als Garnitur

Außerdem erforderlich:
Pürierstab

1. Den Backofen auf 80 °C Ober-/Unterhitze vorheizen. Ein Backblech mit Backpapier auslegen.

2. Den Kürbis waschen und vierteln. Mit einem Esslöffel sorgfältig die Kerne und Fäden herauskratzen und diese entsorgen. Den Kürbis mitsamt der Schale in grobe Stücke schneiden, auf das Backblech geben und 20 Minuten im Ofen garen. Dann das Blech herausnehmen und die überschüssige Flüssigkeit abgießen.

3. In einem großen Topf bei mittlerer Hitze die Butter schmelzen. Die Schalotten und den Knoblauch hineingeben und glasig anschwitzen. Die Kürbiswürfel dazugeben und kurz mitdünsten. Die Kartoffeln und die Karottenraspeln hinzufügen. Das Paprikapulver und das Mehl darüberstreuen. Mit dem Gemüsefond, dem Weißwein und der Kokosmilch aufgießen. Kurz aufkochen, die Hitze auf niedrig reduzieren und unter gelegentlichem Rühren ca. 25–30 Minuten mit aufgesetztem Deckel köcheln lassen bzw. so lange, bis das Gemüse gar ist.

4. Den Ingwer und das Currypulver hinzugeben. Mit einem Pürierstab im Topf fein zerkleinern. Die Sahne hinzufügen und kräftig mit Salz und Pfeffer abschmecken.

5. Zum Servieren mit etwas zerstoßenem buntem Pfeffer, gerösteten Kürbiskernen und Kokosmilch garnieren.

Den Weißwein kann man problemlos weglassen. Allerding solltet ihr dann stattdessen einen Spritzer Essig dazugeben, um der Suppe eine gewisse Säure zu verleihen.

Gemüsesuppe

ZUTATEN
FÜR 6 PORTIONEN

60 g Butter
50 ml Olivenöl
3 große Zwiebeln, fein gehackt
3 Knoblauchzehen, fein gehackt
½ Stange Sellerie, in dünne Ringe geschnitten
1 Karotte, fein gewürfelt
3 große Kartoffeln, fein gewürfelt
150 g dicke weiße Bohnen (aus der Dose), abgetropft
1 Zucchini, in dünne Scheiben geschnitten
1 ½ l Gemüse- oder Hühnerfond
100 g Pizzatomaten (aus der Dose)
2 EL Tomatenmark
1 Bund frisches Basilikum, fein gehackt
100 g geriebener Parmesan zzgl. noch etwas mehr, als Garnitur
Salz
Pfeffer
Etwas getrockneter Oregano, nach Belieben

1. In einem großen Topf bei mittlerer Hitze die Butter und das Olivenöl erhitzen. Sobald die Butter geschmolzen ist, die Zwiebeln und den Knoblauch dazugeben und glasig anschwitzen. Dann den Sellerie, die Karotte und die Kartoffelwürfel hinzufügen, alles gut vermischen und zwei Minuten anbraten. Die Bohnen und die Zucchini einrühren und zwei Minuten mitbraten.

2. Die Brühe, die Pizzatomaten, das Tomatenmark, das Basilikum und den Parmesan hinzufügen und mit Salz und Pfeffer würzen. Nach Belieben etwas Oregano unterrühren. Kurz aufkochen, die Hitze auf niedrig reduzieren und unter gelegentlichem Rühren mit aufgesetztem Deckel eine Stunde köcheln lassen. Nochmals final mit Salz und Pfeffer abschmecken.

3. Zum Servieren mit etwas frisch geriebenem Parmesan bestreuen.

LUCHINO
CAFFE
MENU

Hauptgerichte

Bangers & Mash

ZUTATEN
FÜR 4 PORTIONEN

Für den Kartoffelstampf:

800 g Kartoffeln (mehligkochend), geschält und geviertelt

150 ml Milch

100 g Sahne

70 g Butter, in Flocken

Salz

Pfeffer

1 kräftige Prise Muskatnuss, gerieben

Für die Zwiebelsauce:

2 EL Butter

400 g rote Zwiebeln, in dünne Ringe geschnitten

1 Knoblauchzehe, fein gewürfelt

300 ml Rinderfond

200 ml Weißwein (trocken)

1 EL Zitronensaft

2 EL Schmand

Salz

Pfeffer

2 EL Speisestärke (optional)

Für die Buttererbsen:

250 g TK-Erbsen

Salz

3 EL Butter

Für die Bratwürste:

1 EL Butter

4 große oder 8 kleine Bratwürste

Außerdem erforderlich:

Kartoffelstampfer

ZUBEREITUNG KARTOFFELSTAMPF:

1. In einem ausreichend großen Topf bei mittlerer Hitze kräftig gesalzenes Wasser zum Kochen bringen. Die Kartoffeln hineingeben und ca. 30 Minuten köcheln lassen bzw. so lange, bis man sie mit einem Messer mühelos einschneiden kann. (Während der Garzeit der Kartoffeln nach Möglichkeit die Zwiebelsauce, die Buttererbsen und die Bratwürste zubereiten.)

2. Sobald die Kartoffeln gar sind, durch ein Sieb abgießen. Dann in eine große Schüssel geben, ausdampfen lassen und gleichmäßig mit einem Kartoffelstampfer grob zerdrücken, damit der Stampf möglichst stückig bleibt.

3. Die Milch, die Sahne und die Butterflocken zu den Kartoffeln geben und alles so lange kräftig verrühren, bis der Stampf zwar noch relativ grob, zugleich jedoch schön cremig und fluffig ist. Mit Salz, Pfeffer und einer kräftigen Prise Muskatnuss würzen. Bis zum Servieren warmhalten.

ZUBEREITUNG ZWIEBELSAUCE:

4. In einer Pfanne bei mittlerer Hitze die Butter schmelzen. Die Zwiebelringe hineingeben und so lange anbraten, bis sie merklich Farbe angenommen haben. Den Knoblauch hinzufügen und zwei Minuten mitbraten. Mit dem Rinderfond und dem Weißwein ablöschen, den Zitronensaft dazugeben und kurz aufkochen. Unter regelmäßigem Rühren zehn Minuten köcheln lassen.

5. Den Schmand unterrühren. Mit Salz und Pfeffer abschmecken. Sollte die Zwiebelsauce zu dünnflüssig sein, 2 EL Speisestärke mit etwas Wasser vermischen und einrühren, um die gewünschte Konsistenz zu erreichen.

ZUBEREITUNG BUTTERERBSEN:

6. Bei mittlerer Hitze einen Topf mit kräftig gesalzenem Wasser erwärmen. Die Erbsen hineingeben und nach Packungsanleitung gar kochen (ca. 12–15 Minuten). Vom Herd nehmen, durch ein Sieb abgießen, sorgsam abtropfen lassen und zurück in den Topf geben. Die Butter hinzufügen, den Deckel aufsetzen und mehrmals schwenken, bis die Butter vollständig geschmolzen ist und die Erbsen damit überzogen sind. Bei Bedarf nachsalzen, nochmals schwenken und nach Möglichkeit sofort servieren, damit die Erbsen nicht zu trocken werden. Alternativ bis zum Verzehr warmhalten.

ZUBEREITUNG BRATWÜRSTE:

7. In einer Pfanne bei mittlerer Hitze die Butter zerlassen. Sobald die Butter heiß ist, die Bratwürste mit der Spitze eines Messers ein paarmal einpiksen, damit sie nicht platzen. Dann in die Pfanne geben und anbraten, bis sie schön gebräunt sind (ca. 6–7 Minuten). Herausnehmen und sofort zusammen mit dem Kartoffelstampf, der Zwiebelsauce und den Buttererbsen servieren.

> Da die Bratwürste am schnellsten zubereitet sind, solltet ihr alle anderen Elemente möglichst schon fertig bzw. fast fertig haben, wenn's schließlich – im wahrsten Sinne des Wortes – um die Wurst geht.

Brathuhn mit Würzmais und Röstkartoffeln

ZUTATEN
FÜR 4 PORTIONEN

Für das Brathuhn:

1 TL Paprikapulver
1 TL getrockneter Thymian
1 TL schwarzer Pfeffer
½ TL Cayennepfeffer
2 TL Salz
2 TL Knoblauchpulver
2 TL Zwiebelpulver
2 EL Pflanzenöl
1 ganzes Fleischhähnchen (ca. 1½ kg), küchenfertig

Für die Röstkartoffeln:

1 kg mittelgroße Kartoffeln (festkochend)
3 EL Olivenöl
1 EL Salz sowie etwas mehr, zum Bestreuen
1 TL Pfeffer
1 TL Paprikapulver edelsüß

Für den Würzmais:

½ Bund Petersilie, fein gehackt
½ Bund Schnittlauch, fein gehackt
1 Knoblauchzehe, fein gehackt
1 rote Zwiebel, fein gehackt
150 g weiche, gesalzene Butter
1 TL Senfpulver
1 TL Chiliflocken
4 Zuckermaiskolben (vorgegart)
100 ml Milch
1 EL Zucker

Außerdem erforderlich:

Auflaufform (ca. 22 x 28 cm)
Fleischthermometer

ZUBEREITUNG BRATHUHN:

1. Den Backofen auf 180 °C Umluft vorheizen. Eine Auflaufform mit einem Fingerbreit Wasser unten in den Ofen stellen, um herabtropfendes Fett aufzufangen.

2. In einer kleinen Schüssel das Paprikapulver, den Thymian, den schwarzen Pfeffer, den Cayennepfeffer, das Salz, das Knoblauchpulver, das Zwiebelpulver und das Öl vermischen.

3. Das Hühnchen mit den Gewürzen einreiben, auf ein Bratrost legen, locker mit Alufolie abdecken und eine Stunde im vorgeheizten Ofen garen. Dann die Alufolie entfernen, die Ofentemperatur auf 200 °C erhöhen und weitere 45 Minuten garen bzw. so lange, bis die Kerntemperatur des Huhns an der dicksten Stelle 82 °C beträgt; unterdessen regelmäßig mit der Flüssigkeit bepinseln, die sich in der Auflaufform sammelt.

4. Das Hähnchen aus dem Ofen nehmen und vor dem Anschneiden fünf Minuten ruhen lassen. Dann zeitnah zusammen mit den Röstkartoffeln und dem Würzmais servieren.

ZUBEREITUNG RÖSTKARTOFFELN:

5. Den Backofen auf 200 °C Umluft vorheizen. Ein Backblech mit Backpapier auslegen.

6. Die Kartoffeln gründlich waschen, abtropfen lassen und mit Schale in ca. 5 mm dicke Scheiben schneiden.

7. In einer mittelgroßen Schüssel das Olivenöl, das Salz, den Pfeffer und das Paprikapulver vermischen. Die Kartoffelscheiben hineingeben und sorgsam so vermengen, dass die Kartoffeln mit Würze überzogen sind. So auf dem Backblech verteilen, dass sich die Scheiben möglichst nicht überlagern, und 50 Minuten goldbraun backen; nach der Hälfte der Zeit wenden.

8. Zum Servieren nach Belieben mit etwas zusätzlichem Salz bestreuen; bis dahin warmhalten.

ZUBEREITUNG WÜRZMAIS:

9. Die Petersilie, den Schnittlauch, den Knoblauch, die Zwiebel, die Butter, das Senfpulver und die Chiliflocken in eine kleine Schüssel geben und mit einer Gabel gut vermischen.

10. Die Maiskolben in einen mittelgroßen Topf geben und mit so viel Wasser auffüllen, dass die Kolben geradeso damit bedeckt sind. Die Milch und den Zucker hinzufügen und bei mittlerer Hitze zum Kochen bringen. Den Deckel aufsetzen und ca. 7–9 Minuten garen.

11. Die Grillfunktion des Ofens einschalten. Ein Backblech mit Backpapier auslegen.

12. Die Maiskolben aus dem Topf nehmen und gründlich abtropfen lassen. Mit Kräuterbutter bestreichen und auf das Blech legen. Auf höchster Schiene direkt unter den Ofengrill schieben und ca. 5–6 Minuten grillen; dabei regelmäßig wenden und jedes Mal mit der geschmolzenen Butter bestreichen, die sich auf dem Blech sammelt. Dann aus dem Ofen nehmen und bis zum Servieren warmhalten.

Cornish Pasties

ZUTATEN
FÜR 4 PORTIONEN

450 g Mehl sowie etwas mehr, für die Arbeitsfläche

1 TL Salz

100 g kalte Butter, in Stücken

100 g Schweineschmalz (alternativ 100 g Butter mehr), in Stücken

Ca. 175 ml Wasser

600 g Kartoffeln, geschält und fein gewürfelt

250 g weiße Rüben, geschält und fein gewürfelt

1 große Zwiebel, fein gehackt

300 g Rinderhack

Salz

Pfeffer

Zucker

Senfpulver

2 Eier

1. In einer Schüssel das Mehl mit dem Salz vermischen. Nach und nach die Butter und das Schmalz (oder alternativ die übrige Butter) dazugeben und alles mit den Fingern gut verkneten. Dann schlückchenweise das Wasser hinzufügen und sorgsam einarbeiten, bis ein geschmeidiger, aber nicht mehr klebriger Teig entsteht. Zu einer Kugel formen, locker in Frischhaltefolie einschlagen und 45 Minuten im Kühlschrank ruhen lassen.

2. Die Kartoffeln, die Rüben, die Zwiebel und das Hackfleisch in eine separate Schüssel geben und vermischen. Kräftig mit Salz, Pfeffer und einer großzügigen Prise Zucker würzen. Mit Senfpulver abschmecken.

3. In einer kleinen Schüssel die beiden Eier verquirlen.

4. Den Teig nach der Ruhezeit in vier gleich große Teile portionieren und jeweils auf einer gut mit Mehl bestäubten Arbeitsfläche kreisrund, mit einem Durchmesser von ca. 20 cm, ausrollen.

5. Den Backofen auf 220 °C Ober-/Unterhitze vorheizen. Ein Backblech mit Backpapier auslegen.

6. Die Füllung gleichmäßig auf die Teiglinge verteilen. Jeweils mittig in die untere Hälfte der Teiglinge geben und zu den Rändern hin 2 cm Platz freilassen. Die Ränder leicht mit kaltem Wasser befeuchten. Die obere Hälfte dann über die Füllung falten und nahtlos auf die Ränder legen, sodass ein Halbmond entsteht. Die Ränder mit einer Gabel oder den Fingern fest zusammendrücken. Die Oberseiten mit dem verquirlten Ei bestreichen und mit einem kleinen, scharfen Messer jeweils drei kleine Schnitte in die Pasties machen, durch die die beim Backen entstehende Feuchtigkeit entweichen kann.

7. Die Pasties 20 Minuten im vorgeheizten Ofen backen. Die Temperatur dann auf 160 °C reduzieren und weitere 20 Minuten backen. Anschließend noch zehn Minuten im ausgeschalteten Ofen ruhen lassen. Warm oder kalt genießen.

Schottische Eier mit Senfsauce

ZUTATEN
FÜR 4 PORTIONEN

Für die Schottischen Eier:

5 Eier
600 g Thüringer Mett
1 Zwiebel, fein gehackt
2 EL Senf (mittelscharf)
1 TL Muskatnuss, gerieben
Salz
Frisch gemahlener schwarzer Pfeffer
Etwas Panko-Paniermehl
Etwas Mehl
1 EL geräuchertes Paprikapulver
Pflanzenöl, zum Frittieren
Etwas frisch gehackter Schnittlauch, als Garnitur

Für die Senfsauce:

1 EL Butter
1 EL Mehl
250 ml Milch
3 EL Senf (mittelscharf)
1 Prise Salz
1 Prise Zucker

ZUBEREITUNG SCHOTTISCHE EIER:

1. In einem mittelgroßen Topf ausreichend Wasser zum Kochen bringen. Vier Eier hineingeben und ca. 7–8 Minuten hart kochen. Das Wasser abgießen, die Eier unter fließendem kalten Wasser abschrecken und soweit abkühlen lassen, dass man sie weiterverarbeiten kann, ohne sich die Finger zu verbrennen. Dann pellen.

2. Das Mett in eine Schüssel geben. Die Zwiebel, den Senf und die Muskatnuss hinzufügen und nach Belieben mit Salz und Pfeffer würzen. Alles gründlich verkneten.

3. Jedes der geschälten Eier vollständig mit ¼ der Hackfleischmasse umhüllen; das Mett dabei gut andrücken. Die Außenseite glätten.

4. Das Panko-Paniermehl und das Mehl jeweils auf einen tiefen Teller geben. Das Paniermehl nach Belieben mit Salz und Pfeffer würzen und das Paprikapulver untermischen. Auf einem weiteren tiefen Teller das letzte Ei verquirlen. Die mit Hackfleisch umhüllten Eier zuerst im Mehl, dann im Ei und zuletzt im Panko wenden. Dabei darauf achten, dass die Eier gleichmäßig mit Panierung überzogen werden.

5. Das Öl in einem hohen Topf bei starker Hitze auf 170 °C erwärmen. Um zu testen, ob das Öl heiß genug ist, den Stiel eines Holzkochlöffels hineinhalten; steigen davon Bläschen auf, ist das Fett heiß genug. Die Eier dann möglichst mit einem metallenen Schaumlöffel mit ausreichend Abstand zueinander in das Fett geben und, ca. 5-7 Minuten knusprig frittieren. Zum Abtropfen auf einen mit Küchenpapier ausgelegten Teller geben.

6. Zum Servieren großzügig mit Senfsauce übergießen und mit etwas frisch gehacktem Schnittlauch garnieren.

SENFSAUCE ZUBEREITEN:

7. In einem mittelgroßen Topf bei mittlerer Hitze die Butter schmelzen. Nach und nach das Mehl einrühren, bis es die Butter vollständig aufgesogen hat. Dann mit einem Schneebesen - wiederum nach und nach - die Milch unterrühren, bis ihr eine cremige Sauce bekommt. Dabei darauf achten, dass keine Klümpchen mehr zu sehen sind. Den Senf einrühren und mit Salz und etwas Zucker abschmecken.

Putenkeule mit Kartoffelspalten

ZUTATEN
FÜR 4 PORTIONEN

Für die Putenkeule:

1 große Putenunterkeule (ca. 1 ½ kg)
2 Knoblauchzehen, fein gehackt
3 EL Olivenöl
2 EL flüssiger Honig
2 EL Zitronensaft
Salz
Steakpfeffer
4 Zweige Rosmarin

Für die Kartoffelspalten:

800 g Kartoffeln (festkochend)
4 EL Öl
2 Knoblauchzehen, fein gehackt
1 ½ TL Salz
1 ½ TL Pfeffer
1 ½ TL Paprikapulver edelsüß

ZUBEREITUNG PUTENKEULE:

1. Den Backofen auf 180 °C Umluft vorheizen. Ein Backblech mit Backpapier auslegen.

2. Die Putenkeule waschen, mit Küchenpapier trocken tupfen und mit einem spitzen Messer oder einer Gabel mehrmals einstechen.

3. In einer kleinen Schüssel den Knoblauch mit dem Olivenöl, dem Honig und dem Zitronensaft vermischen. Kräftig mit Salz und Steakpfeffer würzen.

4. Die Putenkeule mit ¾ der Knoblauch-Öl-Mischung bestreichen und die Oberseite mit dem Rosmarin spicken. Die Keule auf das Backblech legen, locker mit Alufolie abdecken und eine Stunde garen; dabei regelmäßig (ca. alle 15 Minuten) mit Knoblauch-Öl-Mixtur bepinseln.

5. Die Alufolie entfernen und weitere 20 Minuten garen; dabei regelmäßig bestreichen. Aus dem Ofen nehmen und kurz auf einem mit Küchenpapier ausgelegten Teller abtropfen lassen. Dann auf einen großen Servierteller geben und sofort zusammen mit den Kartoffelspalten genießen.

ZUBEREITUNG KARTOFFELSPALTEN:

6. Den Backofen auf 180 °C Umluft vorheizen. Ein Backblech mit Backpapier auslegen.

7. Die Kartoffeln gründlich abwaschen, abtrocknen, schälen und vierteln.

8. In einer großen Schüssel das Öl, den Knoblauch, das Salz, den Pfeffer und das Paprikapulver verrühren. Die Kartoffelspalten hinzugeben und alles so vermengen, dass die Kartoffeln mit Würze überzogen sind. So auf dem Backblech verteilen, dass die Spalten möglichst nicht überlappen, und ca. 40 Minuten goldbraun bzw. bis zur gewünschten Knusprigkeit backen; dabei gelegentlich wenden. Bis zum Servieren warmhalten.

Shepherd's Pie

ZUTATEN
FÜR 4-5 PORTIONEN

600 g Kartoffeln (mehligkochend), grob gewürfelt

4 EL Pflanzenöl

2 Zwiebeln, fein gehackt

800 g Lamm- oder Rinderhack

2 EL Tomatenmark

300 ml Rinderfond

200 g TK-Erbsen und -Möhren

Salz

Frisch gemahlener schwarzer Pfeffer

1 EL Paprikapulver edelsüß

40 g Butter, in Stücken, sowie noch etwas mehr, zum Einfetten der Form

200 ml Milch

1 kräftige Prise Muskatnuss, gerieben

Etwas frisch gehackte Petersilie, als Garnitur

Außerdem erforderlich:

Auflaufform (ca. 28 x 22 cm)

1. In einem großen Topf bei mittlerer Hitze kräftig gesalzenes Wasser erwärmen. Die Kartoffelwürfel hineingeben und 20 Minuten kochen bzw. so lange, bis die Kartoffeln gar sind.

2. In der Zwischenzeit bei mittlerer Hitze das Öl in einer Pfanne erwärmen und die Zwiebeln glasig anschwitzen. Das Hackfleisch dazugeben und goldbraun und bröselig anbraten. Das Tomatenmark einrühren, mit dem Rinderfond aufgießen und die Erbsen und Möhren hinzufügen. Alles gut durchmischen und mit Salz, Pfeffer und Paprikapulver würzen. Unabgedeckt, unter stetem Rühren, zehn Minuten köcheln lassen.

3. Währenddessen den Backofen auf 200 °C Umluft vorheizen.

4. Die Kartoffeln abgießen und zurück in den Topf geben. Die Butterstücke hinzufügen und die Kartoffeln mit einem Kartoffelstampfer möglichst fein zerstampfen. Die Milch dazugießen, kräftig mit Pfeffer, Salz und Muskatnuss würzen und cremig rühren.

5. Die Auflaufform mit Butter einfetten. Die Hackfleisch-Gemüse-Mischung hineingeben. In einer gleichmäßigen Schicht den Kartoffelbrei darauf verteilen, glattstreichen, locker mit Alufolie abdecken und 30 Minuten backen. Fünf Minuten vor Ablauf der Garzeit die Alufolie entfernen, damit die Oberseite etwas Farbe und eine leichte Kruste bekommt.

6. Den Auflauf aus dem Ofen nehmen, kurz abkühlen lassen, mit etwas frisch gehackter Petersilie bestreuen und in der Form auf den Tisch des (Gast-)Hauses bringen, damit sich jeder davon nehmen kann, was er möchte.

The Daily Prophet

Fish & Chips

ZUTATEN
FÜR 4 PORTIONEN

Für den Fisch:

1 TL Zitronensaft

2 EL frische Petersilie, fein gehackt

3 EL Pflanzenöl

2 TL Salz

1 TL schwarzer Pfeffer

600 g Seelachsfilet, in mundgerechte Stücke geschnitten

200 g Mehl sowie etwas mehr, zum Panieren

250 ml Bier (Pilsner)

1 Ei

1 Eiweiß, steif geschlagen

Öl, zum Frittieren (ca. 2 l, je nach Topfgröße)

Etwas grobes Meersalz, zum Bestreuen

Kräuterremoulade (optional)

Außerdem erforderlich:

Gefrierbeutel

ZUBEREITUNG FISCH:

1. In einer Schüssel den Zitronensaft, die Petersilie und das Pflanzenöl vermischen. Mit 1 TL Salz und Pfeffer würzen. Zusammen mit dem Fisch in einen Gefrierbeutel geben, verschließen und 20 Minuten im Kühlschrank ziehen lassen.

2. In der Zwischenzeit das Mehl in eine Schüssel sieben. Das Bier, das Ei und 1 TL Salz unterrühren, mit einem sauberen Geschirrtuch abdecken und 15 Minuten quellen lassen. Dann noch mal kräftig durchrühren und das geschlagene Eiweiß unterheben. Alles zu einem dickflüssigen Teig verarbeiten.

3. Das Frittieröl in einem hohen Topf erwärmen.

4. Den Fisch aus der Marinade nehmen und mit Küchenpapier abtupfen. Etwas Mehl auf einen Teller geben und die Fischstücke so darin wenden, dass sie mit Mehl überzogen sind. Einzeln in den Bierteig tauchen, überschüssigen Teig abtropfen lassen und auf einen großen, flachen Teller geben.

5. Testen, ob das Öl zum Frittieren bereit ist. Steigen von einem hölzernen Kochlöffel, den man hineintaucht, kleine Bläschen auf, ist das Öl soweit. Dann mit einem metallenen Schöpflöffel vorsichtig die Fischstücke hineingeben und goldgelb frittieren (ca. 3–4 Minuten). Den Fisch (je nach Topfgröße) bei Bedarf in mehreren Schüben frittieren. Anschließend kurz auf einem mit Küchenpapier ausgelegten Teller abtropfen lassen. Zum Servieren nach Belieben mit grobem Meersalz bestreuen.

6. Zeitnah zusammen mit den Kartoffelspalten und ggf. einer Portion Kräuterremoulade zum Dippen servieren.

Für die Kartoffelspalten:

800 g Kartoffeln (festkochend)

4 EL Öl

2 Knoblauchzehen, durchgepresst

1 ½ TL Salz

1 ½ TL Pfeffer

1 ½ TL Paprikapulver edelsüß

ZUBEREITUNG KARTOFFELSPALTEN:

7. Den Backofen auf 180 °C Umluft vorheizen. Ein Backblech mit Backpapier auslegen.

8. Die Kartoffeln gründlich abwaschen, abtrocknen und mit Schale vierteln.

9. In einer großen Schüssel das Öl, den Knoblauch, das Salz, den Pfeffer und das Paprikapulver verrühren. Die Kartoffelspalten hinzugeben und alles gut vermengen. So auf dem Backblech verteilen, dass sich die Kartoffelspalten möglichst nicht überlappen, und 40–50 Minuten goldbraun backen; dabei gelegentlich wenden. Bis zum Servieren warmhalten.

Spareribs-Platte

ZUTATEN
FÜR 4 PORTIONEN

Für die Spareribs:
200 g Tomatenketchup
120 ml Apfelsaft
2 EL Rohrzucker
1 TL Ingwerpulver
2 Zwiebeln, fein gehackt
3 Knoblauchzehen, fein gehackt
3 Spritzer Tabasco
2 EL Worcester-Sauce
5 EL Sojasoße
2 TL Senf (mittelscharf)
1 TL Paprikapulver edelsüß
2 TL schwarzer Pfeffer
1 EL Salz
5 EL Apfelessig
2 ½ kg Spareribs

Für die Maiskolben:
4 Zuckermaiskolben (vorgegart)
100 ml Milch
1 EL Zucker
Etwas geschmolzene Butter, zum Bestreichen

Für die scharfe Soße:
5 EL Tomatensalsa
3 EL Chili-Soße
2 EL Steak-Soße
1 TL Chiliflocken

4 Portionen Kartoffelspalten
(siehe S. 75)

ZUBEREITUNG SPARERIBS:

1. Den Tomatenketchup, den Apfelsaft, den Rohrzucker, das Ingwerpulver, die Zwiebeln, den Knoblauch, den Tabasco, die Worcester-Sauce, die Sojasoße, den Senf, das Paprikapulver, den Pfeffer, das Salz und den Apfelessig in einen mittelgroßen Topf geben und alles gut miteinander vermischen. Bei mittlerer Hitze unter regelmäßigem Rühren zum Kochen bringen und 15 Minuten köcheln lassen.

2. In der Zwischenzeit die Spareribs waschen und mit Küchenpapier trocken tupfen. Sollte sich an der Unterseite der Ribs noch weiße Haut befinden, vorsichtig mit der Messerspitze lösen und abziehen. Dann auf dem Schneidebrett mit einem großen, scharfen Messer in Stücke mit jeweils 5–6 Rippchen zerteilen.

3. Den Backofen auf 150 °C Ober-/Unterhitze vorheizen. Ein Backblech mit Backpapier auslegen.

4. Die Rippchen von beiden Seiten großzügig mit der eingekochten Marinade bestreichen und einzeln in Alufolie wickeln. Überschüssige Marinade beiseitestellen.

5. Die Spareribs-Päckchen mit der Knochenseite nach unten auf das Backblech legen und ca. 2 ½–3 Stunden im Ofen garen bzw. so lange, bis die Rippchen so zart sind, dass sie sich praktisch von selbst vom Knochen lösen. In der Zwischenzeit die Maiskolben, die scharfe Soße und die Kartoffelspalten zubereiten.

6. Die Spareribs nach dem Ende der Garzeit aus dem Ofen nehmen und fünf Minuten ruhen lassen. In dieser Zeit die Grillfunktion des Backofens einschalten. Die Rippchen mit der restlichen Marinade bepinseln, zurück auf das Backblech legen und unmittelbar unter dem Ofengrill fünf Minuten goldbraun und knusprig grillen. Zeitnah zusammen mit dem Mais, der scharfen Soße und den Kartoffelspalten servieren.

ZUBEREITUNG MAISKOLBEN:

7. In einem großen Topf bei mittlerer Hitze reichlich Wasser zum Kochen bringen. Die Maiskolben zusammen mit der Milch und dem Zucker hineingeben. Den Deckel aufsetzen und ca. 8–10 Minuten kochen.

8. Die Grillfunktion des Backofens einschalten. Ein Backblech mit Backpapier auslegen.

9. Die Maiskolben durch ein Sieb abgießen, gründlich abtropfen und soweit abkühlen lassen, dass ihr sie weiterverarbeiten könnt, ohne euch die Finger zu verbrennen. Auf das Backblech geben und ringsum mit der geschmolzenen Butter bestreichen. Auf höchster Schiene direkt unter den Ofengrill schieben und 5–6 Minuten grillen; dabei regelmäßig wenden und mit der Butter bestreichen, die sich auf dem Blech sammelt.

ZUBEREITUNG SCHARFE SOSSE:

10. Die Tomatensalsa, die Chili-Soße, die Steak-Soße und die Chiliflocken in eine kleine Schüssel geben. Gut durchrühren, mit Frischhaltefolie abdecken und bis zum Verzehr im Kühlschrank aufbewahren. Vor dem Servieren nochmals gründlich durchrühren.

Roastbeef, Yorkshire-Pudding und Buttererbsen

ZUTATEN
FÜR 4 PERSONEN

Für das Roastbeef:
50 g Butterschmalz
1 kg Roastbeef oder Rinderfilet, am Stück
1 Zwiebel, fein gehackt
2 Knoblauchzehen, fein gehackt
Etwas Rosmarin, fein gehackt
4 Zweige frischer Thymian, fein gehackt
2 Blätter Salbei, fein gehackt
Salz, Pfeffer
50 g Senf (mittelscharf)
1 Prise grobes Meersalz

Für die Soße:
2 EL Butter
1 große Zwiebel, fein gehackt
1 Bund Suppengemüse (z. B. Karotten, Sellerie, Lauch), fein gehackt
1 EL Tomatenmark
Salz
Pfeffer
1 Prise Zucker
500 ml Rinderfond
Etwas dunkler Soßenbinder (optional)

Für den Yorkshire-Pudding:
250 g Mehl
Salz, Pfeffer
150 ml Milch
150 ml Wasser
4 Eier
3 TL Bratenfett (alternativ Sonnenblumenöl)

Für die Buttererbsen:
250 g TK-Erbsen
Salz
3 EL Butter

Außerdem erforderlich:
6er-Muffinform

ZUBEREITUNG ROASTBEEF:
1. Den Backofen auf 80 °C Umluft vorheizen.

2. In einem Schmortopf oder einer großen Pfanne bei hoher Hitze das Butterschmalz zerlassen und das Fleisch ringsum scharf anbraten. Die Zwiebel und den Knoblauch dazugeben und glasig anschwitzen. Den Rosmarin, den Thymian und den Salbei hinzufügen und 2–3 Minuten mit anbraten. Das Fleisch dann aus dem Topf nehmen, auf ein großes Stück Alufolie legen, salzen und pfeffern, ringsum mit Senf bestreichen und die angeschwitzten Kräuter darübergeben. Fest in die Folie einschlagen und auf einem Backblech 2 ½ Stunden auf mittlerer Schiene im Ofen garen. In der Zwischenzeit die Soße, den Yorkshire-Pudding und die Buttererbsen zubereiten.

3. Nach dem Ende der Garzeit den Ofen ausschalten und das Fleisch bei offener Klappe fünf Minuten ruhen lassen. Dann auf ein Schneidebrett geben, in fingerdicke Scheiben schneiden, mit einer Prise grobem Meersalz bestreuen und zusammen mit der Soße, dem Yorkshire-Pudding und den Erbsen servieren.

ZUBEREITUNG DER SOSSE:
4. In einer großen Pfanne bei hoher Hitze die Butter schmelzen und die Zwiebel glasig anschwitzen. Das Suppengemüse hinzufügen und unter möglichst wenig Rühren anbraten, bis es kräftig Farbe angenommen hat. Das Tomatenmark dazugeben und kurz anrösten. Behutsam mit Salz, Pfeffer und einer Prise Zucker würzen. Dann mit dem Rinderfond aufgießen, aufkochen und unter gelegentlichem Rühren 15–20 Minuten ohne Deckel einkochen lassen bzw. so lange, bis das Gemüse schön weich ist. Dann durch ein Sieb in einen anderen Topf gießen, das Gemüse sorgfältig passieren, die Soße noch einmal abschmecken und bei Bedarf mit dunklem Saucenbinder andicken. Bis zum Servieren warmhalten.

ZUBEREITUNG YORKSHIRE-PUDDING:
5. In einer großen Schüssel das Mehl nach Belieben mit Salz und Pfeffer vermischen.

6. In einer separaten Schüssel die Milch und das Wasser vermengen. Eine Kuhle in die Mitte des Mehls drücken und die Eier hineingeben. Nach und nach immer etwas von der Milch-Wasser-Mischung hinzufügen und mit den Händen einarbeiten, bis ein cremiger Teig entsteht. Bei Zimmertemperatur 15 Minuten ruhen lassen.

7. Derweil den Backofen auf 220 °C Ober-/Unterhitze vorheizen. Jede Mulde der Muffinform mit ½ TL Bratenfett einfetten und zum Vorwärmen in den Ofen geben. Die heiße Form dann vorsichtig wieder herausnehmen, auf eine hitzebeständige Arbeitsfläche stellen, mit einem Löffel behutsam den Teig einfüllen und zurück in den Ofen geben. Dabei darauf achten, dass die Ofentür nur so kurz wie möglich offen steht! 15–20 Minuten backen bzw. so lange, bis der Yorkshire-Pudding goldbraun und knusprig ist. Aus dem Ofen nehmen, kurz abkühlen lassen und schließlich vorsichtig aus der Form stürzen. Bis zum Servieren warmhalten.

ZUBEREITUNG BUTTERERBSEN:
8. Bei mittlerer Hitze einen Topf mit kräftig gesalzenem Wasser erwärmen. Die TK-Erbsen hineingeben und nach Packungsanleitung garen (ca. 12 Minuten). Abgießen, sorgsam abtropfen lassen und zurück in den Topf geben. Die Butter hinzufügen, den Deckel aufsetzen und mehrmals schwenken, bis die Butter vollständig geschmolzen ist und die Erbsen damit überzogen sind. Bei Bedarf nachsalzen. Nach Möglichkeit sofort servieren.

Luchino-Lasagne

ZUTATEN
FÜR 4-5 PORTIONEN

Olivenöl, zum Anbraten
2 rote Zwiebeln, fein gehackt
2 Knoblauchzehen, sehr fein gehackt
150 g Schinkenwürfel
600 g Hackfleisch, gemischt
2 EL Tomatenmark
100 ml Rotwein (trocken)
½ Bund frische Petersilie, fein gehackt
500 g Pizzatomaten (aus der Dose)
1 Prise Zucker
Salz
Pfeffer
2 EL Butter sowie etwas mehr, für die Form
2 EL Mehl
400 ml Milch
Muskatnuss, gerieben
500 g Lasagneplatten
200 g Cheddar, gerieben
Etwas frisches Basilikum, als Garnitur

Außerdem erforderlich:
Auflaufform (ca. 22 x 28 cm)

1. Bei hoher Hitze in einer großen Pfanne etwas Olivenöl erwärmen. Sobald das Öl heiß ist, die Zwiebeln und den Knoblauch hineingeben und glasig anschwitzen. Die Schinkenwürfel hinzufügen, alles gut durchmischen und zwei Minuten anbraten. Das Hackfleisch dazugeben, scharf anbraten und mit dem Kochlöffel zerbröseln.

2. Sobald das Hackfleisch fast gar ist, das Tomatenmark einrühren und zwei Minuten anrösten. Mit dem Rotwein ablöschen. Die Petersilie und die Pizzatomaten in die Pfanne geben, mit einer Prise Zucker bestreuen und mit Salz und Pfeffer abschmecken. Unter regelmäßigem Rühren ca. 15 Minuten köcheln lassen.

3. Unterdessen in einem kleinen Topf bei mittlerer Hitze die Butter schmelzen. Sobald sich die Butter vollständig verflüssigt hat, das Mehl hinzufügen und alles mit einem Schneebesen verquirlen, bis ihr viele kleine, trockene Mehlbröckchen habt. Dann langsam, nach und nach, die Milch dazugeben und immer weiter verquirlen, bis das Ganze schön cremig ist. Schließlich mit Salz, Pfeffer und etwas geriebener Muskatnuss abschmecken. Nun habt ihr eine Béchamel-Soße.

4. Den Backofen auf 180 °C Umluft vorheizen. Die Auflaufform mit etwas Butter einfetten.

5. Jetzt die Lasagne schichten: Hierzu eine Schicht Hackfleisch gleichmäßig unten in die Form geben und glätten. Darauf nahtlos eine Schicht Nudelplatten legen; die Platten bei Bedarf entsprechend zurecht brechen. Eine dünne Schicht Hackfleischsauce darauf verteilen, gefolgt von einer Schicht Béchamel-Soße. Das Ganze wiederum mit einer Lage Nudelplatten bedecken. Hierauf dann wieder Hackfleischsauce geben. Dies so lange wiederholen, bis die gesamte Hackfleischsauce und die Béchamel-Soße. aufgebraucht sind und die Form fast voll ist; dabei darauf achten, mit einer Schicht Hackfleisch zu enden.

6. Das Ganze großzügig mit dem geriebenen Cheddar bestreuen und 25 Minuten backen; sollte der Käse dabei zu dunkel werden, locker mit Alufolie abdecken. Anschließend die Form aus dem Ofen nehmen und auf einem Schneidebrett einige Minuten abkühlen lassen. Mit etwas frischem Basilikum garniert servieren.

Süßes & Nachspeisen

Cranachan

ZUTATEN
FÜR 4 PORTIONEN

3 EL Haferflocken
300 g frische Himbeeren
1 EL Rohrzucker
250 g Sahne
3 EL Whiskey
3 EL Honig
Mandelkrokant, als Garnitur

Außerdem erforderlich:
4 Dessertschälchen

1. Bei mittlerer Hitze eine Pfanne erwärmen. Die Haferflocken hineingeben und ohne Zugabe von Fett 2-3 Minuten nicht zu dunkel anrösten.

2. Die Hälfte der Himbeeren durch ein Sieb in eine Schüssel streichen und mit dem Zucker verrühren. Mit den gerösteten Haferflocken vermischen.

3. Die Sahne in einen Rührbecher geben und mit einem elektrischen Handrührgerät auf höchster Stufe so lange schlagen, bis sich steife Spitzen bilden. Den Whiskey und den Honig hinzufügen und erneut kräftig schlagen.

4. Die Desserts schichten: Hierzu zuunterst eine Schicht Honig-Whiskey-Sahne geben, gefolgt von den Himbeer-Haferflocken. Darauf jeweils einige frische Himbeeren verteilen und mit einer weiteren, großzügigen Schicht Sahne krönen.

5. Nach Belieben mit etwas Mandelkrokant bestreuen und sofort servieren.

Butterbier-Creme

ZUTATEN
FÜR 6 PORTIONEN

500 g Sahne
300 ml Milch
20 g Backkakao
40 g Speisestärke
40 g Zucker
1 Prise Salz
150 g Schokolade (mind. 70% Kakaogehalt), fein gehackt
3 frische Erdbeeren, waagerecht halbiert

Außerdem erforderlich:
6 Dessertschälchen
(á ca. 150 ml Fassungsvermögen)

1. Die Sahne und 200 ml der Milch in einen mittelgroßen Topf geben und bei mittlerer Hitze unter ständigem Rühren mit einem Schneebesen kurz aufkochen. Dann sofort vom Herd nehmen.

2. Die restliche Milch in eine Schüssel geben. Den Backkakao, die Speisestärke, den Zucker und das Salz hinzufügen und unterrühren. Dann unter beständigem Rühren in die heiße Milch-Sahne-Mixtur einarbeiten.

3. Den Topf wieder auf den Herd stellen und unter ständigem Rühren nochmals kurz aufkochen bzw. so lange, bis der Pudding anfängt, fester zu werden. Vom Herd nehmen und die gehackte Schokolade unterrühren.

4. Gleichmäßig auf sechs Dessertschälchen verteilen, mit Frischhaltefolie abdecken, damit sich keine hässliche »Haut« auf dem Pudding bildet, und einige Minuten abkühlen lassen. Anschließend im Kühlschrank vollständig auskühlen lassen.

5. Unmittelbar vor dem Servieren jeweils mit einer halbierten Erdbeere garnieren.

Butterbier-Fudge

ZUTATEN
FÜR CA. 6 PORTIONEN

25 g Butter sowie etwas mehr, zum Einfetten der Form

100 ml Malzbier

150 g Zucker

400 g Kondensmilch, gezuckert

1 kräftige Prise Salz

Außerdem erforderlich:

Auflaufform (ca. 28 x 22 cm)

1. Die Auflaufform so mit Backpapier auslegen, dass das Papier an den Seiten übersteht. Mit etwas Butter einfetten.

2. 25 g Butter, das Malzbier und den Zucker in eine Pfanne geben und unter stetem Rühren bei mittlerer Hitze zum Kochen bringen. Die Kondensmilch und das Salz mit einem Schneebesen unterrühren. Die Hitze auf niedrig reduzieren und das Ganze ca. 20–25 Minuten sanft köcheln lassen bzw. so lange, bis die Masse zusehends dickflüssiger wird und die Färbung von Karamell annimmt; dabei regelmäßig umrühren, damit nichts anbrennt.

3. Hat die Masse schließlich die Konsistenz von cremigem, festerem Honig, vorsichtig in die Auflaufform füllen, die Oberseite glattstreichen und bei Zimmertemperatur vollständig auskühlen lassen (ca. 3–4 Stunden).

4. Das abgekühlte Fudge für 20 Minuten ins Gefrierfach geben, damit es beim Anfassen nicht klebt. Dann vorsichtig aus der Form auf ein Schneidebrett stürzen und mit einem großen, scharfen Messer in mundgerechte Stücke schneiden. Das Butterbier-Fudge in einem verschließbaren, luftdichten Behältnis lagern.

Wer sein Butterbier-Fudge ein bisschen »aufpeppen« möchte, gibt einfach einen Schuss Rum hinein!

Butterbier-Eis

ZUTATEN
FÜR 2–3 PORTIONEN

200 g Zucker
60 ml Malzbier
180 g Sahne
2 ml Butter-Vanille-Extrakt
Etwas Vanillemark, nach Belieben
Karamellraspeln, als Garnitur
Sprühsahne, als Garnitur
Waffelröllchen, als Garnitur

1. Den Zucker und das Malzbier in einen Topf geben und unter stetem Rühren bei mittlerer Hitze aufkochen. Unter beständigem Rühren so lange köcheln lassen, bis sich der Zucker vollständig aufgelöst hat, die Flüssigkeit komplett verdampft ist und ein zähflüssiges, goldbraunes Karamell zurückbleibt.

2. Vom Herd nehmen und unter stetem Rühren die Sahne untermischen. Den Butter-Vanille-Extrakt und etwas Vanillemark hinzufügen. Alles gründlich miteinander vermischen, bis eine geschmeidige Creme entsteht. Einige Minuten abkühlen lassen. Anschließend in ein lebensmittelbeständiges Behältnis füllen und für mindestens sechs Stunden, am besten jedoch über Nacht, ins Gefrierfach stellen. Die Eismasse während dieser Zeit regelmäßig (alle zwei Stunden) gründlich durchrühren.

3. Kurz vor dem Servieren aus dem Gefrierfach nehmen, in kleine Becher oder Schüsseln geben und nach Belieben mit Sprühsahne, Karamellraspeln und Waffelröllchen garnieren.

Brotpudding

ZUTATEN
FÜR 4 PORTIONEN

450 g Vanille-Eiscreme

2 Eier

1 Prise Salz

400 g Brioche, in mundgerechte Stücke geschnitten

Karamellsoße

Außerdem erforderlich:

4 kleine Auflaufförmchen (ca. 10 cm Ø)

1. Die Vanille-Eiscreme aus dem Gefrierschrank nehmen, in eine große Schüssel geben, komplett schmelzen lassen und anschließend kräftig durchrühren.

2. Den Backofen auf 180 °C Umluft vorheizen.

3. In einer kleinen Schüssel die Eier verquirlen und in die Schüssel mit der Eiscreme geben. Eine Prise Salz hinzufügen und alles gut miteinander vermischen.

4. Das Brioche mit in die Schüssel geben, alles gründlich vermengen und 15 Minuten einweichen lassen. Die Masse dann gleichmäßig in die Auflaufförmchen füllen, die Oberseiten glattstreichen und 25 Minuten im Ofen backen. Herausnehmen und fünf Minuten abkühlen lassen.

5. Den Brotpudding zeitnah in den Förmchen servieren; hierzu großzügig mit Karamellsoße beträufeln.

Sherbet Lemon-Cupcakes

ZUTATEN
FÜR 12 CUPCAKES

Für die Cupcakes:

220 g weiche Butter
180 g Zucker
60 ml Zitronensaft
2 Eier
300 g Mehl
1 Prise Salz
½ Päckchen Backpulver
Abrieb einer Zitrone, nach Belieben

Für die Creme:

500 g Sahne
100 g Zucker
1 Päckchen Sahnesteif

Außerdem erforderlich:

12 hitzebeständige Muffinförmchen (ca. 8 cm Ø)
Spritzbeutel mit Sterntülle

1. Den Backofen auf 170 °C Ober/Unterhitze vorheizen. Die Muffinförmchen auf einem Backblech verteilen.

2. Für die Cupcakes die Butter, den Zucker und den Zitronensaft in eine Rührschüssel geben und mit einem elektrischen Handrührgerät ca. 2–3 Minuten schaumig schlagen. Sobald die Butter-Zucker-Masse merklich heller geworden ist, nach und nach, eins nach dem anderen, die Eier einarbeiten.

3. In einer separaten Schüssel das Mehl, das Salz und das Backpulver vermischen. Dann esslöffelweise zum Teig geben und jeweils auf kleinster Stufe gerade soweit einarbeiten, dass kein Mehl mehr zu sehen ist.

4. Die Muffinförmchen jeweils zu ⅔ mit dem Teig füllen, die Oberseiten glätten und ca. 25–30 Minuten auf mittlerer Schiene goldbraun backen bzw. so lange, bis an einem Zahnstocher, den man in die Mitte eines Muffins pikt, kein Teig mehr beim Herausziehen haftet. Dann aus dem Ofen nehmen und vollständig abkühlen lassen.

5. In der Zwischenzeit für die Creme in einer Schüssel die Sahne mit dem Zucker und dem Sahnesteif mit dem Mixer auf höchster Stufe so lange schlagen, bis sich steife Spitzen bilden. In einen Spritzbeutel (oder einen Gefrierbeutel mit abgeschnittener Ecke) füllen und auf die abgekühlten Muffins spritzen.

6. Zum Servieren die Cupcakes mit dem Zitronenabrieb bestreuen.

Wirtshauswaffeln

ZUTATEN
FÜR CA. 10 WAFFELN

125 g weiche Butter sowie noch etwas mehr, zum Einfetten des Waffeleisens
80 g Zucker
1 Päckchen Vanillezucker
3 Eier
1 Prise Salz
350 g Mehl
1 Päckchen Backpulver
250 ml Milch
Puderzucker, zum Bestreuen

Außerdem erforderlich:
Waffeleisen für Stielwaffeln
Ca. 10 Waffelstiele (optional)

1. Die Butter zusammen mit dem Zucker, dem Vanillezucker, den Eiern und dem Salz in eine Rührschüssel geben und mit einem elektrischen Handrührgerät schaumig schlagen.

2. In einer separaten Schüssel das Mehl mit dem Backpulver vermengen und nach und nach die Milch unterrühren.

3. Das Waffeleisen leicht mit Butter einfetten und nach Geräteanleitung vorheizen.

4. Mit einer Schöpfkelle die erforderliche Menge Teig in das Waffeleisen geben, an der entsprechenden Stelle einen Waffelstiel platzieren, den Teig gleichmäßig verteilen und die Waffel nach Geräteanleitung goldbraun und knusprig backen. Dann vorsichtig herausnehmen, mit Puderzucker bestreuen und zeitnah genießen.

5. Diesen Vorgang mit dem übrigen Waffelteig wiederholen.

Natürlich könnt ihr die Waffeln auch in einem »normalen« Waffeleisen zubereiten – dann nur eben ohne Stiel.

Shortbread

ZUTATEN
FÜR CA. 20 KEKSE

125 g weiche Butter
40 g Zucker
25 g Puderzucker
225 g Mehl sowie etwas mehr, für die Arbeitsfläche
1 Prise Salz
1 EL Rosenwasser

Außerdem erforderlich:
Runder Keksausstecher (ca. 6 cm Ø)

1. In einer mittelgroßen Schüssel die Butter und den Zucker mit einem elektrischen Handrührgerät auf hoher Stufe cremig schlagen. Den Puderzucker, das Mehl, das Salz und das Rosenwasser hinzufügen und mit dem Knethakenaufsatz eures Mixers zu einem glatten, geschmeidigen Teig verarbeiten. Mit den Händen zu einer Kugel formen, fest mit Frischhaltefolie umwickeln und 30 Minuten in den Kühlschrank legen.

2. Unterdessen den Backofen auf 160 °C Ober-/Unterhitze vorheizen. Ein Backblech mit Backpapier auslegen.

3. Den Teig aus dem Kühlschrank nehmen, kurz durchkneten und mit einem Nudelholz auf einer leicht mit Mehl bestreuten Arbeitsfläche ca. 1 cm dick ausrollen. Mit dem Keksausstecher kreisrunde Kekse ausstechen und mit etwas Abstand zueinander auf das Backblech legen.

4. Die Teigreste verkneten, erneut ausrollen und weitere Kekse ausstechen.

5. 30 Minuten im vorgeheizten Ofen backen. Dann herausnehmen und auf dem Blech vollständig abkühlen lassen.

6. In einem verschließbaren Behältnis gelagert, sind die Kekse einige Tage haltbar.

Verschimmelte Erdnüsse

ZUTATEN
FÜR 3–4 HANDVOLL ERDNÜSSE

60 g Zartbitterschokolade, grob gehackt

50 g Puderzucker

200 g geröstete, gesalzene Erdnüsse

1. Die Schokolade über einem Wasserbad oder in 10-Sekunden-Intervallen in der Mikrowelle schmelzen.

2. Den Puderzucker in eine Schüssel mit Deckel oder einen großen Gefrierbeutel geben.

3. Die geschmolzene Schokolade zusammen mit den Erdnüssen in eine Schüssel geben und sorgsam miteinander vermischen, sodass die Nüsse mit Schokolade überzogen sind. Die Erdnüsse dann in die Schüssel bzw. in den Beutel mit dem Puderzucker geben, fest verschließen und 30 Sekunden kräftig schütteln bzw. so lange, bis die Erdnüsse vollständig mit Puderzucker bedeckt sind.

4. Die Erdnüsse in einer gleichmäßigen Schicht auf einem mit Backpapier ausgelegten Backblech verteilen und vollständig trocknen lassen (ca. 10–15 Minuten); dabei darauf achten, dass die Nüsse nicht zusammenkleben.

5. Sobald die Erdnüsse getrocknet sind, in ein grobes Sieb geben, um behutsam den überschüssigen Puderzucker abzuschütteln.

6. Bis zum Verzehr in einem luftdicht verschließbaren Behältnis lagern.

Erdbeer-Käsekuchen

ZUTATEN
FÜR 6-8 PORTIONEN

400 g Butterkekse
200 g Butter, flüssig
200 g Zucker sowie 1 EL
3 EL Speisestärke
600 g Frischkäse
400 g Magerquark
2 Eier
150 g Sahne
2 EL Zitronensaft
100 g frische Erdbeeren, fein gewürfelt

Außerdem erforderlich:
Springform (ca. 26 cm Ø)

1. Den Backofen auf 180 °C Ober-/Unterhitze vorheizen. Die Springform mit Backpapier auslegen.

2. Die Butterkekse in eine mittelgroße Schüssel geben und mit den Händen sehr fein zerbröseln. Mit der flüssigen Butter übergießen, mit einem Löffel grob vermischen, gleichmäßig in die Springform füllen und behutsam festdrücken.

3. 200 g Zucker, die Speisestärke, den Frischkäse und den Magerquark in eine separate Schüssel geben und mit einem Schneebesen cremig rühren. Nacheinander die Eier, die Sahne und den Zitronensaft hinzufügen und jeweils sorgsam einarbeiten.

4. Die Quarkmasse gleichmäßig auf dem Kuchenboden verteilen, die Oberfläche glätten und 45 Minuten auf mittlerer Schiene backen. Sollte der Kuchen dabei zu dunkel werden, locker mit Alufolie abdecken. Nach Ende der Backzeit die Ofentür öffnen und den Kuchen vollständig abkühlen lassen. Bis zum Verzehr locker mit Frischhaltefolie abgedeckt im Kühlschrank kaltstellen. Am besten leicht gekühlt genießen.

5. Unmittelbar vor dem Servieren in einer kleinen Schüssel die Erdbeeren mit 1 EL Zucker vermischen und gleichmäßig auf dem Kuchen verteilen.

Schokoladen-Trifle

ZUTATEN
FÜR 3 PORTIONEN

300 g Schoko-Brownies (küchenfertig)

200 g Sahne

250 g Mousse au Chocolat (küchenfertig)

30 g Schokoraspeln

Außerdem erforderlich:

3 hohe Gläser

1. Die Brownies in eine kleine Schüssel geben und mit den Händen fein zerbröseln.

2. Die Sahne in einen Rührbecher geben und mit einem elektrischen Handrührgerät auf hoher Stufe so lange schlagen, bis sich steife Spitzen bilden.

3. Das Trifle schichten: Hierzu ca. 2 EL zerbröselten Brownie unten in das Glas geben, gefolgt von einer ebenso dicken Schicht Mousse au Chocolat und dann der Schlagsahne. Anschließend die Zutaten so lange weiter schichten, bis die Gläser fast bis zum oberen Rand gefüllt sind; dabei darauf achten, mit der Schlagsahne abzuschließen.

4. Jeweils mit Schokoraspeln bestreuen und bis zum Servieren im Kühlschrank kaltstellen.

PLACE?

Getränke

CONTESTANT

Zungenfessler

ZUTATEN
FÜR 6 DRINKS

5 Zitronen
2 Limetten
2 Stängel Zitronengras
200 g Zucker
1 Vanilleschote, das Mark ausgekratzt
1 Sternanis
1 Tonkabohne, fein gehackt
750 ml Bitter Lemon oder Sekt, eiskalt

Eiswürfel

Bitter Lemon, nach Belieben

Sekt, nach Belieben

Außerdem erforderlich:

Saftpresse

Küchenreibe

1. Die Zitronen und die Limetten heiß abwaschen und abtrocknen. Vier Zitronen und die Limetten entsaften. Die Säfte in einer kleinen Schale vermischen. Die Schalen der entsafteten Zitrusfrüchte grob hacken.

2. Die Zitronengrasstängel mit der flachen Seite eines großen, schweren Messers andrücken, um die ätherischen Öle freizusetzen.

3. 200 ml des Zitronen-Limetten-Safts, den Zucker, das Zitronengras, die Vanilleschote, das Vanillemark, den Sternanis und die Tonkabohne in einen kleinen Topf geben und bei mittlerer Hitze aufkochen. Fünf Minuten unter gelegentlichem Rühren kochen lassen. Vom Herd nehmen, durch ein Sieb in ein geeignetes Behältnis oder eine sterile Flasche füllen und zwölf Stunden im Kühlschrank ziehen lassen.

4. Zum Servieren die letzte Zitrone halbieren. Von einer Hälfte mit einer nicht zu feinen Küchenreibe die Schale abreiben. Die andere Hälfte mit einem großen, scharfen Messer in dünne Scheiben schneiden.

5. 2 EL des Zitrussirups auf einen flachen Teller geben, den Zitronenabrieb auf einen anderen. Die Ränder eurer Gläser zunächst in den Sirup und dann so in den Zitronenabrieb tauchen, dass der Rand mit Zesten überzogen ist. Kurz antrocknen lassen.

6. Einige Eiswürfel in jedes Glas geben, 2 EL Sirup darüber gießen und nach Belieben mit Bitter Lemon oder Sekt auffüllen. Das Glas zusätzlich mit einer eingeschnittenen Zitronenscheibe garnieren.

7. Sofort servieren.

Im Kühlschrank gelagert,
ist der Zitrussirup
ca. 2 Wochen haltbar.

Warmes Butterbier

ZUTATEN
FÜR 4 PORTIONEN

2 TL weiche Butter
2 EL Rohrzucker
200 g Sahne
1 Vanilleschote, das Mark ausgekratzt
400 ml Milch
1 TL gemahlener Zimt
½ EL Kakaopulver (ungesüßt)
250 ml Malzbier
Karamellsauce, als Garnitur
Mandelkrokant, als Garnitur

1. In einem mittelgroßen Topf bei mittlerer Hitze die Butter zerlassen. Den Rohrzucker hinzufügen und unter regelmäßigem Rühren schmelzen, bis der Zucker leicht karamellisiert ist. Mit der Hälfte der Sahne ablöschen und unter stetem Rühren so lange köcheln lassen, bis sich der Zucker vom Topfboden gelöst hat.

2. In einer Schüssel das Vanillemark, die Milch, den Zimt und das Kakaopulver mit einem Schneebesen verrühren. Mit in den Topf geben und unter regelmäßigem Rühren aufkochen. Drei Minuten köcheln lassen. Dann vom Herd nehmen und unter Rühren das Malzbier dazu gießen. Zurück auf den Herd stellen und erwärmen, aber auf keinen Fall nochmals kochen lassen, da das Ganze sonst unschön ausflockt! Den Herd ausschalten. Das Butterbier einige Minuten abkühlen lassen.

3. Unterdessen in der bereits genutzten Schüssel die restliche Sahne mit einem elektrischen Handrührgerät auf hoher Stufe so lange schlagen, bis sich steife Spitzen bilden.

4. Das warme Butterbier auf vier hitzebeständige Becher oder Gläser verteilen. Jeweils mit einem Klecks Schlagsahne krönen, mit Karamellsauce beträufeln und mit Mandelkrokant bestreuen.

5. Sofort servieren.

Einhornblut

ZUTATEN
FÜR 1 DRINK

Eiswürfel
30 ml Wodka
20 ml Grand Marnier
20 ml Violet Liqueur (violetter Cocktailbitter)
20 ml frischer Limettensaft
20 ml frischer Zitronensaft
2 EL Heidelbeerpüree
Sekt (halbtrocken oder trocken, nach Belieben)
½ TL essbarer silberner Glitzer

Außerdem erforderlich:
Cocktail-Shaker

1. Den Cocktail-Shaker mit einigen Eiswürfeln füllen.

2. Den Wodka, den Grand Marnier, den Violet Liqueur, den Limettensaft, den Zitronensaft und das Himbeerpüree mit in den Shaker geben, gut verschließen und 15 Sekunden kräftig schütteln.

3. Den Inhalt des Shakers in ein Glas geben und nach Belieben mit Sekt aufgießen.

4. Den essbaren Glitzer hineingeben und kurz umrühren.

5. Sofort servieren.

Frostiges Butterbier

ZUTATEN
FÜR 1 BUTTERBIER

Eiswürfel
30 ml Toffee-Likör
40 ml kräftiger Kaffee, kalt
200 ml Vollmilch, kalt
1-2 TL Vanillezucker
Sprühsahne, als Garnitur
Schokoraspeln, als Garnitur

Außerdem erforderlich:
Glas oder Becher mit mind. 300 ml Fassungsvermögen

1. Einige Eiswürfel in ein ausreichend großes Glas oder einen Becher geben.

2. In einem Rührbecher den Toffee-Likör, den Kaffee, die Milch und den Vanillezucker verrühren. Über das Eis gießen.

3. Mit Sprühsahne krönen und mit Schokoraspeln bestreuen.

4. Sofort servieren.

Kürbis Fizz

ZUTATEN
FÜR 4 DRINKS

2–3 EL Limettensaft
3–4 EL Rohrzucker
Eiswürfel
4 EL Kürbispüree
120 ml Spiced Rum
120 ml Vanille-Rum
240 ml Apfelcider, gekühlt
4 Limettenscheiben, als Garnitur

Außerdem erforderlich:
Cocktail-Shaker

1. Den Limettensaft auf einen flachen Teller geben, den Rohrzucker auf einen anderen. Den Rand der Gläser erst in den Limettensaft und dann so in den Rohrzucker tauchen, dass ihr eine schöne Zuckerkruste bekommt. Kurz antrocknen lassen.

2. Derweil einige Eiswürfel, das Kürbispüree, den Spiced Rum und den Vanille-Rum in den Shaker geben, sorgsam verschließen und 15 Sekunden kräftig schütteln. Behutsam ohne das Eis in die vorbereiteten Gläser abseihen.

3. Jeweils mit etwas Apfelcider aufgießen und mit einer Limettenscheibe garnieren.

4. Sofort servieren.

Flüssiger Apfelstrudel

ZUTATEN
FÜR 10 SHOTS

50 g Schlagsahne
Gecrushtes Eis
100 ml Wodka
200 ml Apfelsaft, gekühlt
100 ml Vanille-Likör (z. B. Licor 43)
2 EL Limettensaft
Zimtpulver, nach Belieben
Essbarer Goldstaub, nach Belieben

Außerdem erforderlich:
Cocktail-Shaker
10 große Schnapsgläser (à ca. 40 ml Fassungsvermögen)
Spritzbeutel

1. Die Sahne in einer kleinen Schüssel mit einem Handrührgerät mit Schneebesenaufsatz so lange schlagen, bis sich steife Spitzen bilden.

2. Einen Cocktail-Shaker zu ⅓ mit gecrushtem Eis füllen. Den Wodka, den Apfelsaft, den Vanille-Likör und den Limettensaft hinzufügen, den Shaker gut verschließen und 10 Sekunden kräftig schütteln.

3. Den flüssigen Apfelstrudel gleichmäßig in die Schnapsgläser abseihen; dabei am oberen Rand jeweils ca. 1 cm Platz lassen.

4. Die Schlagsahne in einen Spritzbeutel (oder einen Gefrierbeutel mit abgeschnittener Ecke) füllen und jeweils ein bisschen Sahne auf den flüssigen Apfelstrudel spritzen.

5. Nach Belieben mit Zimt und essbarem Goldstaub bestreuen.

DRACO

Pumpkin
juice

Kürbissaft

ZUTATEN
FÜR CA. 2 L KÜRBISSAFT

500 g Kürbis, geschält und grob gewürfelt (ohne Kerne und Fäden)

200 g Rohrzucker

1 ½ l Wasser

1 Päckchen Zitronensäure

10 ml Aprikosenaroma

1 EL Vanille-Extrakt

Außerdem erforderlich:

Pürierstab

2 sterilisierte Flaschen (à ca. 1 l Fassungsvermögen)

1. Den Backofen auf 175 °C Umluft vorheizen. Ein Backblech mit Backpapier auslegen.

2. Die Kürbiswürfel auf das Blech geben, mit Alufolie abdecken und ca. 25–30 Minuten im Ofen garen bzw. so lange, bis der Kürbis weich ist und sich das Fleisch leicht von der Schale lösen lässt. Das Kürbisfleisch dann in eine Schüssel geben und mit einem Pürierstab sehr fein pürieren.

3. Das Kürbispüree zusammen mit dem Rohrzucker und dem Wasser in einen großen Topf geben. Zum Kochen bringen und bei geringer Hitze unter stetem Rühren ca. 20 Minuten köcheln lassen.

4. Die Zitronensäure, das Aprikosenaroma und den Vanille-Extrakt unterrühren, alles gut vermischen und in die sterilisierten Flaschen füllen. Gut verschließen und im Kühlschrank lagern.

5. Der Saft ist gut gekühlt 3–4 Tage haltbar.

Sollte euch der Kürbissaft zu dickflüssig sein, zum Servieren mit etwas Mineralwasser (vorzugsweise mit Kohlensäure) vermischen!

Butterbier-Likör

ZUTATEN
FÜR CA. 750 ML BUTTERBIER-LIKÖR

100 g Zucker
1 Ei
200 g Sahne
1 TL Vanillepaste
15 Toffifees
200 ml Wodka

Außerdem erforderlich:

Pürierstab
Verschließbare Flasche (750 ml Fassungsvermögen)

1. Den Zucker und das Ei in einen kleinen Topf geben und unter Rühren bei mittlerer Hitze erwärmen. So lange unter beständigem Rühren köcheln lassen, bis sich der Zucker vollständig aufgelöst hat.

2. Die Sahne, die Vanillepaste und die Toffifees hinzufügen und so lange unter stetem Rühren weiterköcheln lassen, bis sich die Toffifees vollständig aufgelöst haben (ca. 10 Minuten). Dann vom Herd nehmen, kurz abkühlen lassen und mit einem Pürierstab sehr fein pürieren.

3. Den Wodka einrühren.

4. Den Likör durch ein feines Sieb in eine heiß ausgespülte, verschließbare Flasche abseihen.

5. Im Kühlschrank gelagert ist der Butterbier-Likör ca. vier Wochen haltbar.

FISHY
GREEN ALE

Fischig-grünes Ale

ZUTATEN
FÜR 1 DRINK

¼ Honigmelone
5 Tropfen Pfefferminzaroma
5 Tropfen Zimtaroma
4 EL Blaubeer-/Heidelbeer-Bobaperlen
120 ml Zitronen-Limetten-Limonade
1 TL Sahne
Grüne Lebensmittelfarbe (optional)

Außerdem erforderlich:
Pürierstab oder Küchenmaschine

1. Die Honigmelone schälen, in kleine Stücke schneiden und mit einem Pürierstab oder in einer Küchenmaschine sehr fein pürieren.

2. Das Pfefferminz- und das Zimtaroma hinzufügen und kurz einarbeiten.

3. Die Bobaperlen unten ins Glas geben. Das Honigpüree hinzufügen und mit der Limonade aufgießen. Die Sahne dazu geben und alles gut umrühren. Sollte das »Ale« noch nicht die gewünschte Färbung haben, mit grüner Lebensmittelfarbe nachhelfen.

Feuer-Whiskey

ZUTATEN
FÜR 2 DRINKS

Saft und Schale einer Zitrone
1 Zimtstange
4 Nelken
100 ml Whiskey (Scotch)
2 EL Honig
1 Prise Muskatnuss, gerieben
250 ml kochendes Wasser

1. Die Zitronenschale, die Zimtstange und die Nelken in einen großen Krug geben.

2. Den Zitronensaft und den Whiskey hinzufügen. Den Honig dazugeben und mit Muskatnuss würzen.

3. Mit kochendem Wasser aufgießen und mit einem langen Löffel so lange verrühren, bis sich der Honig vollständig aufgelöst hat. Bei Bedarf, mit noch mehr Honig und Zitronensaft nachwürzen.

4. Durch ein Sieb in zwei hitzebeständige Gläser abseihen und heiß servieren.

Three Broomsticks
Gilly Water

Goldlackwasser

ZUTATEN
FÜR 1 DRINK

Eiswürfel

60 ml Aprikosensaft

20 ml Apricot Brandy

80 ml Sekt (halbtrocken oder trocken), eiskalt

Etwas essbares Blattgold, fein zerrupft

Außerdem erforderlich:

Cocktail-Shaker

1. Einige Eiswürfel in einen Cocktail-Shaker geben.

2. Den Aprikosensaft und den Brandy über das Eis gießen, den Shaker gut verschließen und 15 Sekunden kräftig schütteln.

3. Ohne das Eis in ein Glas oder eine Cocktailschale geben, mit dem Sekt aufgießen und für die »Magie« etwas essbares Blattgold einrühren.

4. Sofort genießen.

Lima Lush

ZUTATEN
FÜR 1 DRINK

50 ml Erdbeerlimes

3 Tropfen Vanillearoma

Eiswürfel

120 ml Orangensaft

1 Scheibe frische Blutorange, als Garnitur

1. Den Erdbeerlimes und das Vanillearoma in ein hohes Glas geben und verrühren.

2. Die Eiswürfel auf den Boden des Glases geben.

3. Das Glas schräg halten und langsam den Orangensaft eingießen, sodass sich der Saft und der Limes nicht miteinander vermischen.

4. Mit einer Scheibe frischer Blutorange garnieren.

5. Sofort servieren.

LUSH

Quintin Black

ZUTATEN
FÜR 1 DRINK

Eiswürfel
60 ml Wodka
80 ml Crème de Cassis (Johannisbeer-Likör)
30 ml Kahlúa (Kaffee-Likör)
30 ml Ingwerbier

Außerdem erforderlich:
Cocktail-Shaker

1. Die Eiswürfel in einen Cocktail-Shaker geben.

2. Den Wodka, den Johannisbeer-Likör und den Kaffee-Likör hinzufügen, gut verschließen und 15 Sekunden kräftig schütteln.

3. Ohne das Eis in das gewünschte Glas abseihen und mit dem Ingwerbier aufgießen.

4. Sofort servieren.

Nesselwein

ZUTATEN
FÜR 1 DRINK

Eiswürfel
30 ml Gin
20 ml Waldmeistersirup
Tonic Water, nach Belieben

Außerdem erforderlich:
Cocktail-Shaker

1. Die Eiswürfel in einen Cocktail-Shaker geben.

2. Den Gin und den Waldmeistersirup dazu gießen, den Shaker gut verschließen und 15 Sekunden kräftig schütteln. Ohne das Eis in ein Glas seihen.

3. Nach Belieben mit Tonic Water aufgießen. Kurz alles miteinander verrühren.

4. Sofort servieren.

Danksagung

Genau, wie man gutes Essen und Trinken gemäß »Gamps Gesetz der elementaren Transfiguration« nicht aus Nichts herbeizaubern kann, stampft niemand – ganz gleich, ob Muggel oder Magier – ein Kochbuch wie dieses ganz allein aus dem Boden. (Gut möglich, dass das eine weitere der fünf »Wesentlichen Ausnahmen« von »Gamps Gesetz« ist.) Tatsächlich haben viele unglaublich talentierte, fleißige Leute monatelang auch ohne Zauberkräfte wahre Wunder gewirkt, um dafür zu sorgen, dass ihr dieses Buch jetzt in den Händen haltet.

Als da wären: Jo Löffler & Holger »Holle« Wiest, meine »Dinos«, ohne die nichts so wäre, wie es ist; Roberts »Rob« Urlovskis, Layouter a. D.; Dennis Winkler, der »Neue« im Team, der auch ohne Zauberstab gezaubert hat; Annelies Haubold; der K-Clan mit Tobi, Andrea, Finja & Lea; Katharina »die einzig wahre Katze« Böhm; mein »Bruder von 'nem anderen Luder« Thomas B. nebst Anhang, für viele unvergessliche Momente; Ulrich »die Pest« Peste, mein bester guter Freund, aus denselben Gründen; Dimitrie Harder, der es ein ums andere Mal schafft, meine teils doch recht abenteuerlichen Vorstellungen in atmosphärische Bilder zu verwandeln; Thomas & Alexandra Stamm, für Wertschätzung, Unterstützung und Freundschaft; Karin Michelberger, Helge Wittkopp, Franz-Christoph Heel und Carolin Wischerath vom HEEL-Verlag, ohne dieses Buch nicht machbar gewesen wäre; und nicht zuletzt meine Familie, die mir ein ums andere Mal die Möglichkeit gibt, kreative Abenteuer wie dieses zu erleben.

Für alles, das euch an diesem Buch gefällt, dankt diesen Menschen. Für alle inhaltlichen Mängel, fragwürdige Formulierungen, fehlerhafte Mengenangaben und zu viel Selleriesalz hingegen dürft ihr gern Asche auf mein kahles Haupt streuen.

Tom Grimm

Über die Macher dieses Buches

TOM GRIMM

Tom Grimm, Jahrgang 1972, arbeitet seit dem Abschluss seiner Buchhändlerlehre als Autor, Übersetzer, Journalist, Redakteur und Herausgeber für eine Vielzahl internationaler Buch- und Zeitungsverlage. Neben seiner Begeisterung für Literatur, Film und Videospiele gilt seine Liebe vor allem Freizeitparks, Reisen, Rammstein und Grillexperimenten zu jeder Jahreszeit. Unlängst wurde er für seine Arbeit mit dem *World Cookbook Award* ausgezeichnet. Zusammen mit seiner Familie, einem Rudel wilder Katzen und lebensgroßen Abbildern von Batman, Kung-Fu-Panda, Rayman und Thrall dem Ork lebt und arbeitet er in einem kleinen Ort im Wiehengebirge, in der Nähe von Bielefeld, das es allen Unkenrufen zum Trotz doch gibt.

DIMITRIE HARDER

Dimitrie Harder kam 1977 als zweites Kind einer russischen Mutter und eines deutschen Vaters in Kirgisistan zur Welt, ehe er 1990 mit seiner Familie nach Deutschland übersiedelte, wo er später seine Leidenschaft für die Fotografie entdeckte und sein Hobby nach Aushilfsjobs als Pizzabäcker, Bauarbeiter und Lieferdienstfahrer, zum Beruf machte. Seine ureigene Sensibilität und seine Hingabe zum Detail spiegeln sich in seinen atmosphärischen Bildern wider. Er liebt Radfahren, Laufen und Wandern, verabscheut Lebensmittelverschwendung und ist der einzige Mensch auf Erden, der seinen »Partner in Crime«, Tom Grimm, jemals ungestraft als »Rüpel« bezeichnet hat.

HEEL Verlag GmbH
Gut Pottscheidt
53639 Königswinter
Tel.: 02223 9230-0
Fax: 02223 9230-13
E-Mail: info@heel-verlag.de
Internet: www.heel-verlag.de

PROJEKTLEITUNG: Carolin Wischerath
PROJEKTREDAKTION, TEXTE & REZEPTE: Tom Grimm, Grinning Cat Productions
FOODFOTOGRAFIE: Tom Grimm & Dimitrie Harder
GRAFIKDESIGN, SATZ & LAYOUT: Dennis Winkler unter Mitarbeit von Christiane Seelig
UMSCHLAGGESTALTUNG: Dennis Winkler
ILLUSTRATIONEN: Angelos Tsirigotis

Printed in Poland

ISBN: 978-3-96664-513-3

Bibliografische Information der Deutschen Nationalbibliothek
Die Deutsche Nationalbibliothek verzeichnet diese Publikation in der Deutschen Nationalbibliografie; detaillierte bibliografische Daten sind im Internet über http://dnb.d-nb.de abrufbar.

Tafeln wie in Hogwarts

128 Seiten, 189 x 230 mm,
Hardcover
ISBN: 978-3-96664-312-2
€ (D) 16,99

128 Seiten, 183 x 225 mm,
Softcover
ISBN: 978-3-96664-340-5
€ (D) 9,99

192 Seiten, 189 x 230 mm,
Hardcover
ISBN: 978-3-96664-291-0
€ (D) 19,99

192 Seiten, 189 x 230 mm,
Hardcover
ISBN: 978-3-95843-937-5
€ (D) 19,99

Unser komplettes Programm finden Sie in jeder Buchhandlung und unter www.heel-verlag.de

PLAZA

Tauchen Sie ein in die magische Welt von Harry Potter

112 Seiten, 170 x 210 mm,
Softcover
ISBN: 978-3-96664-127-2
€ (D) 9,99

128 Seiten, 168 x 210 mm,
Softcover,
ISBN 978-3-96664-294-1
€ 12,99

160 Seiten, 187 x 264 mm,
Softcover
ISBN: 978-3-96664-508-9
€ (D) 14,99

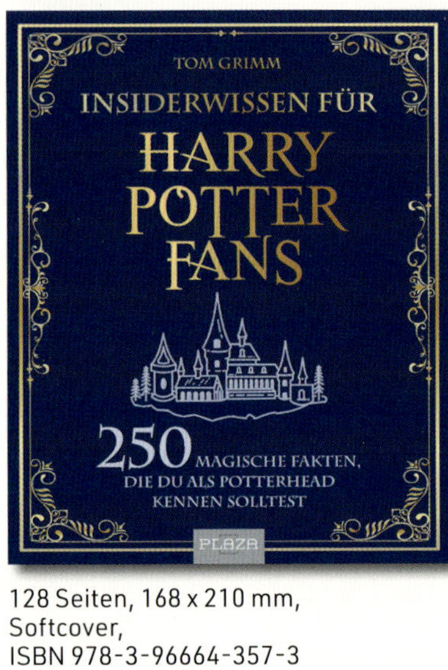

128 Seiten, 168 x 210 mm,
Softcover,
ISBN 978-3-96664-357-3
€ (D) 12,99

Unser komplettes Programm finden Sie in jeder Buchhandlung und unter www.heel-verlag.de

PLAZA